La configuration du prêtre
Au Christ, Bon Pasteur

L'exemple du Curé d'Ars

Jean-Baptiste SANOU

La configuration du prêtre Au Christ, Bon Pasteur

L'exemple du Curé d'Ars

L'Harmattan

© L'Harmattan, 2017
5-7, rue de l'École-Polytechnique ; 75005 Paris

http://www.librairieharmattan.com
diffusion.harmattan@wanadoo.fr
harmattan1@wanadoo.fr

ISBN : 978-2-343-11751-5
EAN : 9782343117515

Sommaire

Préambule 7

Introduction 11

Chapitre 1
L'expérience fondatrice de l'amour de Dieu dans la vie du prêtre 17

Chapitre 2
La vocation fondamentale du prêtre à la sainteté dans l'amour 29

Chapitre 3
La prière et l'Eucharistie comme centre et sommet de la vie du prêtre 43

Chapitre 4
La gestion pastorale du temps et des relations humaines 63

Chapitre 5
La croix dans la vie du prêtre 85

Chapitre 6
La pratique des conseils évangéliques d'obéissance, de pauvreté et de chasteté 95

Chapitre 7
Le prêtre, homme miséricordieux et ministre de la miséricorde divine 137

Chapitre 8
La Vierge Marie dans la vie du prêtre 147

Conclusion
Prière du saint Curé d'Ars à la Vierge Marie 157

Brève bibliographie sur le curé d'ars 161

Table des matières 163

Préambule

Les huit méditations qui sont présentées ici ont été développées lors d'une retraite sacerdotale que j'ai prêchée en août 2010 au Grand Séminaire Saint-Jean-Baptiste de Ouagadougou, dans le contexte de l'année sacerdotale proclamée en 2009 par le Pape Benoît XVI, à l'occasion du 150e anniversaire de la mort du Curé d'Ars. Le jubilé des 75 ans du sacerdoce burkinabè m'a semblé une occasion providentielle pour les publier sous forme d'opuscule, dans l'espoir que les prêtres qui s'en procureront puissent y trouver un instrument - parmi d'autres - de formation permanente et un contenu utile pour vivre de manière féconde les temps de retraite spirituelle. Cet opuscule peut être également utile aux grands séminaristes dans leur formation au sacerdoce ministériel. Étant donné que le prêtre ne réalise sa vocation spécifique qu'en réalisant la vocation commune de tous les baptisés à la sainteté, les fidèles laïcs peuvent, eux aussi, à la lecture de ces méditations, y trouver leur nourriture spirituelle pour mieux correspondre aux exigences de l'Évangile.

Toute retraite spirituelle est une exposition de l'âme, de l'esprit et du corps à la Parole et à l'Esprit. Bien entendu, il ne s'agit pas de n'importe quelle parole et de n'importe quel esprit. Il s'agit de la Parole de Dieu qui est esprit et vie, et de l'Esprit de Dieu qui parle par les prophètes et qui, en ces temps où nous sommes, nous parle par Jésus Christ dans son Église (cf. He 1, 1s.).

« Si vis omnia bene facere, aliquando ne feceris ». On pourrait traduire cette maxime latine en ces termes : « Si tu veux bien faire tout ce que tu as à faire, tu dois de temps en temps cesser de le faire ». La retraite, pour le prêtre, est une excellente occasion de cesser de faire ce qu'il fait habituellement dans le ministère pastoral. Bien plus, elle est une précieuse occasion de réfléchir sur la manière dont il vit sa mission et sur le sens qu'il donne à son action pastorale. Elle lui donne enfin l'occasion de puiser à la source divine les énergies nécessaires pour assurer la fécondité de son ministère pastoral.

La participation féconde à une retraite spirituelle exige habituellement le retrait de la vie quotidienne pour se soustraire à l'agitation et aux bruits du monde. À ce titre, la retraite est une invitation à se recueillir pour éviter la dispersion des énergies dans la réalisation des multiples tâches du ministère pastoral.

L'allégorie des ossements desséchés qu'utilise le prophète Ezékiel illustre assez éloquemment l'état de dessèchement spirituel et d'éparpillement existentiel dans lequel nous pouvons nous trouver dans l'exercice de notre ministère, quant à notre rapport à Dieu, à nous-mêmes, aux autres et au monde. Mais les ossements desséchés que je suis peuvent-ils encore revivre ? Oui, nous dit le Seigneur, à condition cependant qu'ils s'exposent à la Parole de Dieu et à l'Esprit de puissance et de vie. « Ossements desséchés, écoutez la parole du Seigneur » (Ez. 37, 4).

L'écoute de la Parole de Dieu est la disposition fondamentale de celui qui veut donner un sens à sa vie et à son action, venir à la lumière et reprendre vie, bâtir sur le roc et vivre heureux. C'est dans le silence de l'écoute de la Parole qu'opère l'Esprit qui nous vivifie et qui nous constitue comme temples vivants de Dieu, porteurs de son feu d'amour. Voilà pourquoi il est nécessaire d'observer, dans notre vie quotidienne, un silence d'écoute de Dieu, surtout durant le temps d'oraison ou de retraite. « Éteins ton téléphone et allume ton cœur ! », peut-on lire à l'entrée de certaines églises. Entendons cette prescription au sens large comme une invitation à faire taire tous les bruits intérieurs et extérieurs ou à réaliser l'*épochè*, c'est-à-dire la mise entre parenthèses de notre vie quotidienne, en cessant d'avoir avec elle un rapport intéressé et préoccupé. Alors, Dieu nous parlera par son Esprit qui veut habiter nos silences, nos paroles, nos rencontres, nos célébrations, nos partages et tous les événements de notre vie.

La parole sans l'Esprit est lettre morte, mais il faut affirmer également que l'Esprit sans la Parole serait comme une puissance indéterminée, dont la finalité demeure obscure ou ambiguë. La Parole de Dieu, qui ordonne tout à l'amour de Dieu et du prochain, révèle l'Esprit comme puissance d'amour et de vie. Nous savons que nous avons l'Esprit du Christ si nous aimons comme le Christ, jusqu'au don de la vie. Celui qui ne vit pas de l'amour ne peut pas prétendre vivre de l'Esprit, car l'Esprit Saint est Esprit d'amour et de communion. Laissons-nous donc conduire par l'Esprit. Qu'il nous ouvre à la Parole du Christ et nous fasse sortir de nos tombeaux, c'est-à-dire des chemins sans issue et des cercles vicieux, dont nous devenons quelquefois prisonniers, par habitude, par faiblesse ou par négligence.

Introduction

Le thème qui est développé dans ces huit méditations est ainsi formulé : Saint Jean-Marie Vianney, modèle du prêtre pour moi aujourd'hui, dans l'Église-Famille de Dieu. Je n'ai pas trouvé meilleure introduction à ce thème que la lettre pour l'indiction de l'année sacerdotale adressée par le Pape Benoît XVI à tous les prêtres à l'occasion du 150e anniversaire de la mort du Curé d'Ars[1]. J'en propose ici les extraits qui me semblent les plus significatifs.

Le pape commence par donner le but visé par l'indiction pour l'année sacerdotale, celui de « contribuer à promouvoir un engagement de renouveau intérieur de tous les prêtres afin de rendre plus incisif et plus vigoureux leur témoignage évangélique dans le monde d'aujourd'hui ». Benoît

---

[1] Le titre exact du document papal est : *Lettre du Souverain Pontife Benoît XVI pour l'indiction d'une année sacerdotale à l'occasion du 150ᵉ anniversaire du Dies Natalis du Saint Curé d'Ars*. Cf. Site du Vatican :
www.vatican.va./holy_father/benedict_xvi/index_it.htm.

XVI exprime ensuite une pensée spéciale pour tous les prêtres, quelles que soient les situations de vie où ils se trouvent : « Je pense, écrit-il, à tous ces prêtres qui présentent aux fidèles chrétiens et au monde entier l'offrande humble et quotidienne des paroles et des gestes du Christ, s'efforçant de lui donner leur adhésion par leurs pensées, leur volonté, leurs sentiments et le style de toute leur existence. Comment ne pas mettre en évidence leurs labeurs apostoliques, leur service inlassable et caché, leur charité ouverte à l'universel ? Et que dire de la courageuse fidélité de tant de prêtres qui, bien que confrontés à des difficultés et à des incompréhensions, restent fidèles à leur vocation : celle d' "amis du Christ", qui ont reçu de lui un appel particulier, ont été choisis et envoyés ? »

Le pape poursuit : « Il existe aussi malheureusement des situations, jamais assez déplorées, où l'Église elle-même souffre de l'infidélité de certains de ses ministres. Et c'est pour le monde un motif de scandale et de refus. Ce qui, dans de tels cas peut être surtout profitable pour l'Église, ce n'est pas tant la pointilleuse révélation des faiblesses de ses ministres, mais plutôt une conscience renouvelée et joyeuse de la grandeur du don de Dieu, concrétisé dans les figures splendides de pasteurs généreux, de religieux brûlant d'amour pour Dieu et pour les âmes, de directeurs spirituels éclairés et patients. À cet égard, les enseignements et les exemples de saint Jean-Marie Vianney peuvent offrir à tous un point de référence significatif: le Curé d'Ars était très humble, mais il avait conscience, comme prêtre, d'être un don immense pour son peuple : "Un bon pasteur, un pasteur selon le cœur de Dieu, c'est là le plus grand trésor que le bon Dieu puisse accorder à une paroisse, et un des plus précieux dons de la miséricorde divine"».

Benoît XVI souligne l'actualité du témoignage de saint Jean-Marie Vianney : « Le Curé d'Ars, en son temps, a su transformer le cœur et la vie de tant de personnes, parce qu'il a réussi à leur faire percevoir l'amour miséricordieux du Seigneur. Notre temps aussi a un besoin urgent d'une telle annonce et d'un tel témoignage de la vérité de l'Amour : *Deus caritas est* (1 Jn 4,8). Par la Parole et les Sacrements de son Jésus, Jean-Marie Vianney savait édifier son peuple, même si, souvent, il tremblait devant son incapacité personnelle, au point de désirer plus d'une fois être délivré des responsabilités du ministère paroissial dont il se sentait indigne. Toutefois, avec une obéissance exemplaire, il demeura toujours à son poste, parce qu'il était dévoré de la passion apostolique pour le salut des âmes. Il s'efforçait d'adhérer totalement à sa vocation et à sa mission en pratiquant une ascèse sévère. »

Le pape invite ensuite les prêtres à s'interroger à partir du témoignage du curé d'Ars : « Dans le monde d'aujourd'hui, comme dans les temps difficiles du Curé d'Ars, il faut que les prêtres, dans leur vie et leur action, se distinguent par la force de leur témoignage évangélique. Paul VI faisait remarquer avec justesse: "L'homme contemporain écoute plus volontiers les témoins que les maîtres, ou, s'il écoute les maîtres, c'est parce qu'ils sont des témoins". Pour éviter que ne surgisse en nous un vide existentiel et que ne soit compromise l'efficacité de notre ministère, il faut que nous nous interrogions toujours de nouveau : Sommes-nous vraiment imprégnés de la Parole de Dieu ? Est-elle vraiment la nourriture qui nous fait vivre, plus encore que le pain et les choses de ce monde? La connaissons-nous vraiment ? L'aimons-nous ? Intérieurement, nous préoccupons-nous de cette parole au point qu'elle façonne réellement notre vie et informe notre pensée ? »

Benoît XVI achève sa lettre par cette exhortation : « Chers prêtres, le Christ compte sur vous. À l'exemple du Saint Curé d'Ars, laissez-vous conquérir par lui et vous serez vous aussi, dans le monde d'aujourd'hui, des messagers d'espérance, de réconciliation et de paix ! »

C'est pour nous aider à répondre aux questions fondamentales que suscite notre ministère et pour faire écho à l'exhortation du pape Benoît XVI que je propose de développer le thème susmentionné en huit sous-thèmes inspirés du puissant et admirable témoignage du Curé d'Ars. Bien sûr, ce ne sont pas tous les détails de la vie de Jean-Marie Vianney qui sont imitables. Il y a des modalités d'exercice du ministère qui sont tributaires de l'époque et même de la personnalité du saint, mais l'ardeur, la passion, l'humilité et le dépouillement avec lesquels il a servi Dieu et l'Église sont d'une étonnante actualité et, en vertu de leur fraîcheur évangélique, exercent sur toutes les générations de prêtres un extraordinaire attrait.

Chapitre 1

L'expérience fondatrice de l'amour de Dieu dans la vie du prêtre

On entend souvent dire au sujet de certaines personnes qu'elles exercent leur métier comme un sacerdoce. Par cette comparaison, on veut souligner la générosité, la passion, le courage et la compétence avec lesquels elles exercent leur métier, quelquefois au prix de leur vie. Tel médecin qui se dévoue jour et nuit pour les malades et fait tout ce qui est en son pouvoir pour qu'ils retrouvent la santé ; tel journaliste qui se passionne pour la vérité au mépris des intimidations, de la persécution, de la prison et même de la mort ; tel enseignant qui ne ménage aucun effort pour communiquer à ses élèves ou étudiants le savoir, le savoir-faire et le savoir-être ; tel artiste engagé qui, par son talent et son art, cherche à former les consciences à la justice et à la solidarité, voilà autant de personnes dont on n'hésite pas à dire qu'elles exercent leur métier comme un sacerdoce. Cette comparaison qui, dans certains cas, peut paraître excessive, fait honneur au sacerdoce ministériel, car les qualités qu'on admire chez ces personnes sont celles qui caractérisent ou du moins devraient caractériser le ministère du prêtre appelé à servir Dieu, l'Église et le prochain avec générosité, dévouement, fidélité, passion, abnégation et gratuité, dans le don total de soi. Si l'usage du terme de sacerdoce dans ces cas précis honore la fonction du prêtre, il constitue en même temps un défi pour chaque prêtre, celui d'incarner ces valeurs qui sont attachées, selon la conception commune, à la fonction du prêtre. Là où ce défi n'est pas relevé, la comparaison ne tarde pas à s'inverser : on parle alors de prêtres qui exercent leur ministère comme des fonctionnaires. *Fonctionnaires de Dieu*, c'est le titre d'un ouvrage publié par le théologien allemand Eugen Drewermann, en 1989, qui suscita alors une vive polémique. Il y compare le prêtre à un 'bureaucrate consacré', qui travaille aux heures ouvrables pour un salaire ou un bénéfice escompté. Il s'agit en fait d'une lecture psychanalytique assez réductrice de la fonction du prêtre qui a cependant le mérite de nous mettre en garde contre la tentation d'exercer le ministère presbytéral comme une fonction bureaucratique ou comme une contrainte extérieure.

Cette tentation est grande là où le ministère ne se fonde pas sur une expérience personnelle de l'amour de Dieu qui nous pousse à nous dévouer passionnément au service de l'Évangile. La passion dans l'exercice du ministère ne peut naitre que de la passion dont le prêtre se sent aimé par Dieu. Tant qu'il ne fait pas l'expérience personnelle de l'amour Dieu, le prêtre risque de reproduire le modèle de la relation du fils aîné avec son père, telle qu'elle est illustrée dans la parabole du père miséricordieux ou du fils prodigue (cf. Lc 15, 11-32). Ce fils aîné interprète sa relation avec son père en termes de droit et de devoir, car il estime qu'après avoir accompli son devoir de manière irréprochable, il mérite, mieux, il est en droit d'attendre de son père la récompense due: « Voilà tant d'années que je te sers, sans jamais transgresser un seul de tes ordres, et jamais tu ne m'as donné un chevreau, à moi, pour festoyer avec mes amis » (v. 29). Ce disant, le fils aîné manifeste que son obéissance n'est pas celle de l'amour filial, mais une obéissance extérieure à la loi d'amour du père. Pour lui, le père incarne la figure de l'autorité qui empêche de croitre dans la liberté, et non celle de l'amour miséricordieux et gratuit.

La parabole du père miséricordieux souligne, au fond, la nécessité pour tous les baptisés de faire l'expérience de l'amour miséricordieux et gratuit de Dieu pour répondre à leur vocation commune à la sainteté dans l'amour. C'est fort de cette expérience que le prêtre peut s'engager généreusement à répondre à sa vocation, celle de consacrer entièrement sa vie au service de Dieu, de l'Église et du prochain. Les récits de vocation dans la Bible sont presque toujours des histoires d'amour, car la vocation y est présentée comme la réponse à l'amour de Dieu qui se révèle de façon particulière à celui ou celle qu'il appelle. Les prophètes en ont témoigné dans des récits qui se distinguent les uns des autres par des notes particulières, des nuances ou détails liés à la personnalité propre et à la sensibilité culturelle de chacun. Il suffit de lire l'histoire de la vocation d'un Osée pour s'en convaincre. Dans le Nouveau Testament, la vocation de Marie à la maternité virginale en est une parfaite illustration. Par son *magnificat*, Marie chante l'amour dont Dieu l'a comblée : « il s'est penché sur son humble servante… Son amour s'étend d'âge en âge sur ceux qui le craignent ». La vocation de Pierre, celle de Mathieu le publicain, et celle de Paul - qui coïncide avec sa conversion -, témoignent toutes de l'amour gratuit et miséricordieux de Dieu qui appelle des hommes et des femmes à son service, malgré leur passé de pécheurs, malgré leurs faiblesses, leurs handicaps, leurs blessures et leurs reniements. Dieu n'appelle pas des saints, sinon la mission ou le ministère qu'il leur confie serait fondé sur le mérite et l'excellence, il appelle des pécheurs à devenir saints et à sanctifier les autres par leur témoignage. En d'autres termes, Dieu ne nous a pas choisis *en vertu* de nos qualités, de nos talents, de nos compétences et de notre sainteté, il nous a choisis *malgré* nos péchés, nos défauts, nos limites et nos faiblesses, pour que nous devenions saints dans l'amour.

Saint Jean-Marie Vianney, le Curé d'Ars, a toujours eu une perception très forte de l'amour de Dieu, comme en témoigne sa spiritualité pastorale dominée par l'amour. C'est en effet à partir de la grandeur de cet amour de Dieu pour nous, dont il reste un témoin émerveillé, qu'il s'oriente et oriente les autres vers le Seigneur. « *L'homme est créé par amour et il ne peut vivre sans amour ; ou il aime Dieu, ou il s'aime et il aime le monde...* »[2], affirmait-il. Le Curé d'Ars a vécu une expérience très profonde de l'amour de Dieu qui l'a choisi pour devenir prêtre malgré ses limites intellectuelles et les obstacles subjectifs et objectifs qui rendaient humainement impossible la réalisation de sa vocation sacerdotale. Il

---

[2] Bernard NODET, *Jean-Marie Vianney, Curé d'Ars. Sa pensée, son cœur*, Paris, Cerf, 2009, p. 72.

a fait l'expérience de la miséricorde de Dieu qui a daigné faire de lui un instrument de sa miséricorde, malgré ses limites dont il a conservé une très vive conscience. Cette expérience très puissante de l'amour de Dieu pour lui explique la passion et le dévouement avec lesquels il a exercé son ministère sacerdotal.

Nous sommes ici renvoyés à notre propre expérience et chacun est invité à répondre à cette question : puis-je relier ma vocation au sacerdoce ministériel à un épisode ou à des épisodes où l'amour de Dieu pour moi s'est révélé de manière décisive et lumineuse ? En cherchant à y répondre, chacun est invité à relire l'histoire de sa vocation pour raviver sa foi en l'amour de Dieu. Car la foi dont nous avons la mission de témoigner par notre vie et par notre ministère n'est pas d'abord et exclusivement un ensemble de dogmes, mais elle a pour objet l'amour personnel de Dieu pour nous et pour chaque personne humaine.

Dans l'introduction de son encyclique *Deus Caritas est*, le pape Benoît XVI souligne le caractère fondamental de l'expérience de l'amour de Dieu dans la foi chrétienne. Il part du témoignage de l'apôtre Jean : « Nous avons cru à l'amour de Dieu » (1Jn 4,16) : c'est ainsi que le chrétien peut exprimer le choix fondamental de sa vie, explique le pape. « À l'origine du fait d'être chrétien, poursuit-il, il n'y a pas une décision éthique ou une grande idée, mais la rencontre avec un événement, avec une Personne, qui donne à la vie un nouvel horizon et par là son orientation décisive »[3]. Dans son Évangile, saint Jean exprime cet événement en ces termes : «Dieu a tant aimé le monde qu'il a donné son Fils unique : ainsi, tout homme qui croit en lui [...] obtiendra la vie éternelle» (Jn 3, 16).

L'expérience de l'amour de Dieu, qui provoque une authentique conversion du cœur et se vérifie par un changement radical de vie et par l'engagement résolu à devenir saint, ne coïncide pas toujours chez le prêtre avec l'événement de l'ordination presbytérale. L'idéal serait que l'ordination presbytérale coïncide avec l'expérience décisive de l'amour de Dieu pour nous ou, mieux, qu'elle soit précédée par elle. Malheureusement, il faut reconnaître que ce n'est pas toujours le cas. Le témoignage de beaucoup de prêtres qui rapportent des expériences décisives de l'amour de Dieu bien des années après leur ordination diaconale ou presbytérale en est la preuve. Et il n'y a pas de honte pour un prêtre à reconnaitre humblement que c'est bien après son ordination diaconale ou

---

[3] Benoît XVI, Encyclique *Deus Caritas est*, n° 1.

presbytérale qu'il a fait l'expérience profonde et décisive de l'amour de Dieu, expérience qui a provoqué sa véritable conversion à la suite du Christ. En vérité, lorsque nous devenons prêtres, nous n'avons pas l'assurance que la plus décisive des conversions est derrière nous. La pire des situations serait de le penser, car une telle pensée nous donnerait la fausse assurance de ne plus avoir rien à recevoir, à apprendre, à changer et à remettre en cause dans notre ministère et dans notre vie. Un prêtre, à qui l'on demandait quand il avait fait l'expérience de sa vocation au sacerdoce, a répondu sur un ton d'humour très sérieux : « Dix ans après mon ordination presbytérale ». Il voulait signifier ainsi que c'est dix ans après son ordination presbytérale qu'il a été saisi par l'amour du Christ, et que c'est précisément grâce à l'expérience personnelle de cet amour qu'il a véritablement saisi le sens de sa mission de prêtre.

Comme prêtres, il nous faut toujours résister à la tentation de nidification qui consiste précisément à vouloir faire notre nid dans la vie, en nous assurant un maximum de sécurité matérielle et en poursuivant un certain nombre de satisfactions plus ou moins licites qui sont souvent le résultat de compromis voire de compromissions en contradiction avec les exigences de notre mission. La meilleure manière de résister à cette tentation, c'est de faire le vœu de conversion, en nous engageant à toujours repartir du Christ pour reprendre la marche ascendante vers la sainteté, lorsque nous avons vécu des épisodes de chute, de misère morale ou spirituelle. Faire le vœu de conversion c'est, pour nous prêtres, rester toujours ouverts à l'expérience de l'amour de Dieu qui coïncide presque toujours avec une véritable conversion de notre vie, de notre conception de Dieu et de notre ministère. Comprendre par exemple qu'il est plus important d'*être* plutôt que de *faire* ou avant que de *faire* est une conversion de la vision du ministère sacerdotal qui coïncide avec une expérience personnelle de l'amour de Dieu qui nous aime non pour ce que *nous faisons*, non pour nos performances, mais pour ce que *nous sommes*, des fils configurés à son Fils Jésus.

Notre vie de prêtres - nous en faisons l'expérience quotidienne - n'est pas une montée régulière et sans obstacle vers la perfection, elle se fait souvent en dents de scie. Les moments de progrès spirituels et de succès pastoraux alternent avec des périodes de crise de croissance, d'échecs, d'épreuves et de découragement, de régression ou d'errements. Ombres et lumières alternent dans notre vie, mais c'est une grâce de pouvoir faire l'expérience de l'amour de Dieu et de dire : 'malgré tout, Dieu m'aime et m'appelle à aimer'. Saint Jean-Marie Vianney a connu des moments d'ombre et de lumière, mais il est resté fidèle parce qu'il n'a jamais douté de l'amour personnel de Dieu auquel il a répondu par son amour. Il disait un jour : «*Je serais bien à plaindre s'il n'y avait pas de Paradis ! Mais il y a tant de bonheur à aimer Dieu dans cette vie que cela suffirait, lors même qu'il n'y aurait pas de paradis dans l'autre vie*»[4]. Sa foi en l'amour infini et miséricordieux de Dieu découlait de son expérience d'être infiniment aimé de Dieu. Il l'exprimait par cette exclamation : « *Être aimé de Dieu, être uni à Dieu… Vivre en la présence de Dieu, vivre pour Dieu : oh ! belle vie et belle mort !* »[5] Si nous avons eu le bonheur de faire, dans le passé, l'expérience de l'amour et de la providence de Dieu, il n'y a pas de raison qu'aujourd'hui nous doutions de cet amour, même si quelquefois nous ne le sentons pas et n'en voyons pas les signes. C'est précisément lorsque l'amour de Dieu ne comble pas nos désirs sensibles et ne satisfait pas immédiatement nos besoins matériels que nous sommes invités à croître vers une relation dans laquelle nous n'aimons pas Dieu pour *ce* qu'il nous *donne,* mais pour *ce* qu'il *est*. Il ne suffit pas

---

[4] *Ibid.*, p. 94.
[5] *Ibid.*, p. 80.

d'être *sacramentellement* configurés au Christ et d'agir *in persona Christi Pastoris* ; il est nécessaire que nous soyons *existentiellement* configurés à lui en témoignant, comme lui, de l'amour qui va jusqu'au don de notre vie, même là où nous n'avons plus la preuve sensible de l'amour de Dieu. Pour parvenir à ce degré suprême de l'amour, il est nécessaire de renoncer à l'image d'un Dieu fonctionnel qui serait à notre service et qui nous assurerait succès pastoral et protection. C'est la condition pour être capable de faire acte de foi et d'adhésion au Dieu humble et caché, dont la puissance de l'amour se déploie dans la faiblesse humaine.

Chapitre 2

La vocation fondamentale du prêtre à la sainteté dans l'amour

Je me souviens de cet exemple de syllogisme donné pendant le cours de logique aristotélicienne : Jacques est un prêtre catholique, donc, Jacques est un chrétien ». En logique, on appelle cette forme de raisonnement syllogistique un enthymème, c'est-à-dire un syllogisme dont l'une des prémisses est sous-entendue, en l'occurrence ici la majeure qui, logiquement, va de soi : « Tous les prêtres catholiques sont des chrétiens ». Ce syllogisme nous rappelle que, comme prêtres catholiques, nous appartenons logiquement à la classe ou à l'ensemble des chrétiens. Il suffit en effet d'être un prêtre catholique pour être défini comme un chrétien. Cela est, bien entendu, une définition *formelle* du prêtre catholique : la classe des chrétiens inclut nécessairement celle des prêtres catholiques et entre dans la définition de celle-ci. Mais que signifie être chrétien au sens profond et existentiel du terme ? L'identité du prêtre n'implique-t-elle pas l'exigence de correspondre d'abord à l'identité fondamentale du chrétien ? On connait la fameuse déclaration de saint Augustin : « Pour vous je suis évêque, avec vous je suis chrétien ». Nous sommes ainsi conduits à ce qui est fondamental dans notre vie, à ce qui représente l'idéal de notre vie : celui de la sainteté. Il doit être clair que notre idéal n'est pas d'abord le sacerdoce, mais la sainteté. C'est une vérité décapante qui nous interdit de croire que nous avons réalisé l'idéal de notre vie lorsque nous avons reçu l'ordination presbytérale. La vocation fondamentale de tous les baptisés, c'est la sainteté. Mais il y a, pour ainsi dire, des vocations secondaires ou spécifiques, c'est-à-dire des voies parmi lesquelles chaque baptisé est appelé à découvrir celle par laquelle il réalisera le plus efficacement et le plus parfaitement possible la vocation commune à la sainteté.

La vie chrétienne, comme engagement conscient et résolu à aimer Dieu et le prochain à l'instar de Jésus, commence véritablement par la foi en l'amour de Dieu pour nous. Il s'agit d'une expérience de l'amour de Dieu qui nous donne la certitude, à la suite de saint Paul, que rien ne peut nous séparer de l'amour de Dieu (cf. Rm 8, 35-37). Il s'agit de faire l'expérience quotidienne que Dieu, dans son amour infini et provident, fait tout concourir au bien de ceux qui aiment Dieu (cf. Rm 8, 28). Mais comment aimer Dieu et le prochain ?

Aimer Dieu, c'est vivre entièrement pour lui et lui consacrer tout son être : cœur, esprit, volonté et corps. C'est l'aimer de tout son cœur, de toute son âme et de toutes ses forces. Concrètement, c'est le préférer à tout, l'aimer par-dessus tout, vivre en communion avec lui dans la prière et dans l'action, le servir et l'aimer dans le prochain, car Jésus présente l'amour du prochain comme la vérification de l'amour de Dieu. Celui qui prétend aimer Dieu alors qu'il n'aime pas son prochain est un menteur, nous dit saint Jean (1Jn 4, 20). Voilà pourquoi l'amour vaut mieux que les sacrifices, car le véritable culte que l'homme rend à Dieu, ce n'est pas d'abord celui des sacrifices rituels ou de l'observance extérieure des commandements divins, mais celui de l'amour et de la miséricorde. Dans la parabole du bon Samaritain (Lc 10, 29-37), le prêtre et le lévite qui descendaient du temple se sont fermés à la miséricorde et à la compassion parce qu'ils étaient convaincus que le culte qu'ils venaient de rendre au temple les dispensait, pire, leur interdisait de compromettre leur pureté rituelle dans des œuvres de miséricorde et de service du prochain.

Voilà un triste exemple de perversion de la religion qui, au lieu d'ouvrir le croyant aux besoins du prochain, l'enferme dans la logique de sa pratique ritualiste et légaliste ! Prenons garde que la célébration des sacrements et des rites liturgiques nous fasse perdre de vue le lien intrinsèque et indissoluble entre l'amour de Dieu et l'amour du prochain.

Chez Jésus et chez les saints, il y a toujours eu un lien indéfectible entre l'amour de Dieu et l'amour du prochain. La vie et le ministère de Jean-Marie Vianney l'illustrent éloquemment. Son cœur débordait de ce « noble amour de Dieu, qui pousse à accomplir de grandes choses et fait rechercher toujours plus de perfection, cet amour qui ne connaît pas la mesure, qui ne sent pas le fardeau, ne compte pas les peines, est capable de tout, et parvient à tout». Il disait : « *Le seul bonheur que nous ayons sur la terre, c'est d'aimer Dieu et de savoir que Dieu nous aime* »[6].

Jean-Marie Vianney a vécu jusqu'à la perfection l'amour de Dieu et du prochain. Il aimait Dieu pour lui-même et le prochain pour l'amour de Dieu. Il voulait «accomplir la loi » et il entendait, avec saint

---

[6] *Ibid.*, p. 59.

Paul, que la « plénitude de la loi, c'est l'amour ». Il aimait ses frères les pauvres, les faibles, les petits. Il a témoigné d'un amour préférentiel pour les plus pauvres.

C'était une tradition dans la famille Vianney, cette charité envers les pauvres. À Dardilly, chez ses parents, le jeune Jean-Marie prenait spécialement soin des mendiants qui s'arrêtaient à la maison, qui y étaient hébergés et nourris. Il leur procurait des vêtements de rechange, lavait leurs souillures, pansait leurs plaies, faisait leurs lits. Il soignait en eux le corps souffrant du Christ. À Ecully d'abord, puis à Ars, on le verra donner tout ce qu'il avait: ses meilleurs souliers, son mouchoir, la culotte neuve que lui ont offerte ses confrères… Il ne pouvait souffrir d'être pourvu quand le pauvre «manquait » du nécessaire et souffrait. Pour le soulager, il vendait ses meubles, son linge, ses chemises. Il distribuait autour de lui le montant de son traitement de curé et la pension que lui servait son frère François, sa part d'héritage. « Son bien est le bien de toute sa paroisse »[7] et non le contraire, comme malheureusement on peut le constater aujourd'hui dans certaines paroisses. Chaque année, il prenait en charge plus de trente loyers à payer au profit des plus démunis. Quand il

---

[7] Cf. *Ibid.*, p. 221.229.

n'avait pas de biens à donner, il donnait son temps et offrait sa prière et ses souffrances pour les nécessiteux. « *Il ne faut jamais rebuter les pauvres, conseillait-il. Si on ne peut pas leur donner, on prie Dieu d'inspirer aux autres de le faire* »[8]. Il ne repoussait personne. Il accueillait tout le monde sans distinction. Son amour était un amour universel, qui accordait la préférence au pauvre.

Dans sa pratique de la charité envers le prochain et envers les pauvres, aucune ostentation, aucun calcul, aucun intérêt personnel recherché : « *Qu'on vous remercie ou qu'on ne vous remercie pas, qu'importe ? Il faut faire tout le bien que nous pouvons, à tout le monde, et n'attendre notre récompense que de Dieu seul !* »[9] Et s'il nous arrive de nourrir des paresseux ou de secourir des voleurs, tant pis : « *Le pauvre sera jugé sur l'usage qu'il aura fait de votre aumône, et vous serez jugé sur l'aumône elle-même que vous auriez pu faire, et que vous n'avez pas faite* »[10]. Bien entendu, cette générosité envers tous ne nous dispensera jamais du discernement pour démasquer d'éventuels escrocs.

---

[8] Bernard NODET, *Jean-Marie Vianney, Curé d'Ars. Sa pensée, son cœur*, Cerf, 2009, p. 217.
[9] *Ibid*. p. 218.
[10] *Ibid*. p. 218.

Au prix de quelques adaptations exigées par notre époque, nous pouvons imiter cet amour débordant et universel du Curé d'Ars, en accueillant généreusement tous ceux qui viennent à nous et en nous faisant proches de ceux qui sont loin, de ceux qui n'osent pas peut-être s'approcher de nous ou qui ne sont pas dans nos cercles habituels de relations. C'est le lieu de nous demander si notre charité pastorale rayonne jusque dans les milieux non chrétiens ou insuffisamment christianisés. Un confrère burkinabè a écrit dans la *Croix*[11] un article où il dénonce avec véhémence et peut-être trop rapidement le style pastoral des prêtres africains qui, selon lui, sont plus préoccupés par les questions matérielles et financières que par l'annonce de l'Évangile à tous les hommes. Si cet article, dans sa forme et dans certains aspects du fond, a eu le don d'irriter certains prêtres africains, il ne laisse pas de nous interroger sur la radicalité, le détachement et le zèle avec lesquels nous devons témoigner de l'Évangile en nous faisant tout à tous. Sommes-nous suffisamment passionnés du Christ et de son Évangile pour porter la flamme de la charité à tous, sans distinction de race, d'ethnie, de catégorie sociale et de

---

[11] Cf. P. Serge Moussa TRAORE, « Prêtres et laïcs au service de la mission en Afrique », in *La Croix* du 10 avril 2010.

religion ? La tentation de se laisser absorber par les tâches matérielles au détriment de la mission spirituelle ne menace d'ailleurs pas seulement les prêtres africains, à en croire cette mise en garde adressée par l'archevêque de São Paulo, le cardinal Odilo Scherer, aux prêtres du Brésil réunis en assemblée générale : « N'abandonnons pas le bien spirituel du peuple sous prétexte de résoudre des problèmes 'sociaux' qui reviennent par devoir d'exercice à d'autres agents sociaux. Le peuple espère avant tout recevoir de nous les attentions des ministres de Dieu », a-t-il précisé.

On parle beaucoup de la charité du curé d'Ars envers ses paroissiens, envers les pèlerins, les enfants de l'orphelinat qu'il avait fondé, mais on ne parle pas assez de la charité fraternelle qu'il a vécue avec ses confrères prêtres. On sait que la vie en équipe n'était pas le régime le plus répandu parmi les prêtres diocésains au temps du Curé d'Ars. Mais avant d'être curé, il fut vicaire de celui qui s'était chargé de sa formation en vue du sacerdoce, l'abbé Balley. Les deux prêtres, le maître et le disciple travaillèrent côte à côte, dans l'enthousiasme. Ils rivalisaient de zèle, de vertu et d'ascèse. Ils s'édifiaient mutuellement, ils se sanctifiaient l'un par l'autre. L'abbé Balley mourut entre les bras de son « cher Vianney », à la fin de 1817.

Avec le deuxième vicaire que l'évêque lui envoya à Ars, Jean-Marie Vianney entretint également une belle relation de charité fraternelle, au point de trouver en lui l'un de ses meilleurs confidents. Les hommes et les femmes de notre temps considèrent généralement que l'amour fraternel entre les prêtres d'une même équipe ou d'une même fraternité sacerdotale est une dimension fondamentale de leur témoignage et l'un des critères les plus importants pour juger de la crédibilité de leur message. Jésus ne souligne-t-il pas d'ailleurs la nécessité de l'amour réciproque entre les disciples appelés à donner un témoignage cohérent et digne de foi ? C'est à l'amour qu'ils auront les uns pour les autres que tous reconnaitront qu'ils sont les disciples du Christ (cf. Jn 13,35). Peut-on toujours affirmer que dans nos équipes et communautés sacerdotales nous rivalisons d'amour réciproque, de solidarité, d'humilité dans le service, de transparence et d'ouverture, de zèle apostolique et de sainteté ? Pouvons-nous nous résigner à constater qu'ils ne sont pas rares les moments et les occasions de disputes, de conflits, de refus de pardonner, de rancœur, voire de vengeance qui empoisonnent notre vie commune et nos relations interpersonnelles? Pouvons-nous nous résigner devant la menace que représentent pour la communion fraternelle les attitudes d'individualisme, d'indifférence, d'affirmation de soi et d'abus d'autorité, de manque de considération et de collaboration ? Nous sommes invités à nous inspirer de l'exemple de Jean-Marie Vianney et de son curé Balley et à œuvrer plus soigneusement à améliorer la qualité de notre témoignage de charité fraternelle. Nous avons tout à y gagner. La charité évangélique et sacerdotale qui doit régner entre nous est un amour prévenant et réciproque qui exige le renoncement à soi et la capacité de faire le premier pas vers les autres pour faire Église avec eux, car c'est là où deux ou trois sont réunis au nom de Jésus, c'est-à-dire dans son amour, qu'il est présent au milieu d'eux (Mt 18,20).

Cet amour prévenant qui doit régner entre nous est l'une des conditions de fécondité et de crédibilité de notre ministère presbytéral. Il correspond également à une exigence de cohérence, car comment pouvons-nous prétendre aimer le prochain qui est loin si nous n'aimons pas le prochain le plus proche, c'est-à-dire le confrère, même si celui-ci nous semble désagréable et peu aimable ? Le curé d'Ars lui-même a vécu une relation difficile avec le vicaire que l'évêque nomma en 1845 pour le seconder. Ce vicaire, l'abbé Raymond, que le Curé d'Ars avait d'ailleurs soutenu financièrement pendant ses études au séminaire, se révéla un homme autoritaire et désagréable qui fit beaucoup souffrir Jean-Marie Vianney. Mais refusant de succomber à la tentation facile de la critique et de la confrontation violente, le Curé d'Ars le défendit toujours contre toutes les critiques des paroissiens. « *Je suis content de Monsieur Raymond, il me dit mes vérités »*[12], disait-il à son sujet. Comme le Curé d'Ars, savons-nous, par charité fraternelle, trouver des excuses aux confrères, souligner les qualités de leurs défauts et valoriser ce qu'ils ont de meilleur ?

Le témoignage d'amour que le prêtre doit donner au monde est une mission qu'il a en commun avec tous les fidèles et correspond à ce que nous venons de dire plus haut. Mais la charité qu'exerce le prêtre a quelque chose de spécifique dû à la grâce sacramentelle de l'ordre. Jean-Marie Vianney avait conscience que dans le témoignage de la charité, il ne devait pas perdre de vue sa vocation spécifique, celle de dispenser la grâce du salut à tous les hommes en vertu de sa participation, par l'ordination presbytérale, à la mission prophétique, sacerdotale et royale du Christ-Pasteur. Sa charité l'a rendu attentif non seulement aux besoins naturels des hommes tels que manger, se vêtir, s'abriter, se soigner, s'instruire, s'humaniser par le travail et par des relations saines, mais elle l'a rendu particulièrement attentif aux besoins de l'homme surtout dans sa

---

[12] Mgr René FOURREY, *Le curé d'Ars authentique*, Paris, L'échelle de Jacob, 2009, p. 235.

dimension spirituelle, tels que se sentir aimer de Dieu et des autres, se libérer du péché sous toutes ses formes, être pardonné, communier à la vie divine, aimer Dieu et le prochain, devenir saint. « *Purifier les âmes, les éclairer, les consoler, les amener à vouloir les choses les plus hautes et les plus difficiles, les arracher à la tyrannie des passions et à la fascination des faux biens de la terre, pour les faire vivre de la vie qui est en Notre-Seigneur Jésus-Christ, telle est la mission du prêtre* », déclarait le Curé d'Ars.

Animé de cette conviction, Jean-Marie Vianney a vécu la charité pastorale à la perfection. Les misères morales lui faisaient encore plus pitié que les maux physiques. Il avait compris que les vrais malades, les grands malades, ce sont les pécheurs dont il fallait absolument s'occuper. Le prêtre a reçu la grâce sacramentelle de répondre aux besoins spirituels des hommes par le témoignage de l'Évangile, la célébration des sacrements et l'accompagnement spirituel des personnes vers lesquelles Dieu l'envoie. Ces moyens de salut, le Curé d'Ars les mettait généreusement au service de tous ceux qui venaient à lui ou vers qui il allait : il accordait une importance et un soin particuliers à la prédication, à la célébration de l'Eucharistie, du sacrement de la réconciliation, à l'accueil et à l'accompagnement spirituel de tous ceux qui acceptaient de s'engager sur le chemin de la conversion et de la sainteté. Cette charité pastorale vécue avec passion et abnégation a porté de nombreux fruits de sainteté dans la vie de ceux et celles qui en bénéficiaient, car elle se fondait sur une vie de prière intense, d'ascèse, de sacrifice, de jeûne et de sainteté contagieuse. Le rayonnement pastoral du Curé d'Ars s'explique essentiellement par sa sainteté de vie. L'*ex opere operato* (l'efficacité sacramentelle sans préjuger de la sainteté personnelle du ministre) se conjuguait chez lui avec l'*ex opere operantis* (la fécondité spirituelle de l'acte sacramentel en vertu de la sainteté du ministre), puisqu'il conformait sa vie à ce qu'il célébrait dans les sacrements.

Chapitre 3

La prière et l'Eucharistie comme centre et sommet de la vie du prêtre

1. La prière comme source et expression de la charité pastorale

Jésus est par excellence le modèle de l'homme qui a fait de la prière et de l'écoute de la Parole de Dieu sa respiration spirituelle. Cette comparaison établie entre la prière et la respiration est doublement éloquente. Elle implique que, comme la respiration, la prière doit avoir deux temps ordonnés l'un à l'autre et inséparables : celui de l'inspiration et celui de l'expiration. L'inspiration dans la prière est le temps de l'écoute de la Parole de Dieu. Sans ce temps de l'écoute, nos prières se réduisent à de pitoyables monologues. L'expiration correspond au temps de la réponse à la parole de Dieu, réponse qui peut être louange, Action de grâce, supplication, demande de pardon, intercession, acte d'abandon, etc. La prière des psaumes est l'exemple par excellence de la prière dans laquelle Dieu parle à tout homme et à tout l'homme en nous, et par nous tout homme et tout l'homme parle à Dieu. Le deuxième bénéfice de la comparaison établie entre la prière et la respiration tient au fait que, par là, on souligne la nécessité vitale de la prière pour tout chrétien et davantage pour le prêtre. De même que l'absence d'air provoque l'asphyxie, de même l'absence de prière entraine pour le prêtre l'asphyxie spirituelle, le tarissement de la source qui nourrit sa vie et son action.

Durant toute son existence et par sa prière, Jésus a témoigné que l'homme ne vit pas seulement de pain, mais de toute parole qui sort de la bouche de Dieu (Mt. 4,4). Les Évangiles mentionnent fréquemment qu'il se retirait à l'écart pour prier. Les moments qu'il choisit de préférence, c'est la nuit ou tôt le matin. De cette façon, il prenait du recul par rapport aux événements pour discerner la volonté de son Père et entrer en relation de dialogue avec lui (Lc 6,12). Il a prié longuement au désert avant de commencer son ministère public (Mt 4,1). La prière est le lieu privilégié où Jésus manifeste à la fois son amour pour Dieu son Père et sa dépendance totale de celui-ci qui lui donne la force de faire sa volonté jusqu'au don total de sa vie. Sa prière à Gethsémani témoigne de sa soumission et de son obéissance filiale à la volonté de son Père.

Après Jésus, ce sont les saints qui nous donnent les meilleurs exemples de prière. Ils ont compris que la sainteté ne peut se réaliser en dehors de la prière. Le Saint Curé d'Ars vivait la prière comme un bain d'amour dans lequel l'homme se plonge. Pour lui, celui qui prie se trouve comme un poisson dans l'eau. On rapporte qu'il aimait passer de longs moments devant le tabernacle, dans une grande intimité avec Dieu, dans un abandon total à sa volonté. Son visage transfiguré témoignait devant ceux qui le rencontraient de la profondeur de sa vie de prière et de son union à Dieu. La prière fut sa grande joie et le lieu d'une véritable amitié avec Dieu. Il ne cessait de parler du bonheur de la prière en ces termes: « *Comme on est heureux quand on prie !* » De fait, ses paroissiens notaient sur son visage un « rayonnement de bonheur ».

Comme Jésus, le Curé d'Ars établissait un lien logique entre la prière et l'amour. «*L'homme a une belle fonction, celle de prier et d'aimer... Voilà le bonheur de l'homme sur la terre*»[13], disait-il. Dans la

---

[13] B. NODET, *Op. cit.*, p. 92.

prière, il exprimait son amour pour Dieu et pour le prochain. Celui qui aime en effet se plait à s'entretenir avec l'être aimé. C'est ce que le curé d'Ars faisait dans ses fréquents dialogues avec Dieu et dans ses longs moments d'adoration. La prière était l'expression à la fois de l'amour de Dieu et de l'amour des hommes, surtout des plus besogneux de la miséricorde divine. Pour eux, sa prière devenait fervente intercession : « *Que d'âmes pouvons-nous convertir par nos prières* ! », aimait-il répéter. Dans la prière, son cœur se dilatait pour aimer plus intensément Dieu et les hommes. Il enseignait à ses ouailles qu'ils ne seraient rendus capables d'aimer Dieu que s'ils s'adonnaient assidument à la prière : « *Vous avez un petit cœur,* leur disait-il, *mais la prière l'élargit et le rend capable d'aimer Dieu* »[14].

L'exemple du curé d'Ars nous convainc, s'il en était besoin, que nous ne pouvons, comme prêtres, nous sanctifier et sanctifier ceux et celles dont nous avons la charge pastorale que si nous pratiquons assidûment la prière et si la prière a, dans notre vie, la primauté sur toutes les autres activités pastorales. C'est ce que le Pape Jean XXIII soulignait dans son encyclique *Sacerdotii nostri primordia* publiée en 1959 à l'occasion du centenaire de la mort de saint

---

[14] *Ibid.,* p. 87.

Jean-Marie Vianney. J'en cite ici de larges extraits sur l'importance et la nécessité de la prière pour nous prêtres (cf. n° 258-259 ; 265).

« Homme de pénitence, saint Jean-Marie Vianney avait également compris que "le prêtre avant tout doit être l'homme de la prière ". Chacun connaît les longues nuits d'adoration que, jeune curé d'un village alors peu chrétien, il passait devant le Saint Sacrement. Le tabernacle de son église devint vite le foyer de sa vie personnelle et de son apostolat (…) ».

« Aux prêtres de ce siècle, volontiers sensibles à l'efficacité de l'action et facilement tentés même par un dangereux activisme, combien salutaire est ce modèle de prière assidue dans une vie entièrement livrée aux besoins des âmes ! "Ce qui nous empêche d'être saints, nous autres prêtres, disait-il, c'est le manque de réflexion. On ne rentre pas en soi-même ; on ne sait pas ce qu'on fait. C'est la réflexion, l'oraison, l'union à Dieu qu'il nous faut". Lui-même demeurait, au témoignage de ses contemporains, dans un état de continuelle oraison, dont ni le poids harassant des confessions ni ses autres charges pastorales ne le distrayaient. Il conservait une union constante avec Dieu au milieu de sa vie excessivement occupée ».

Le pape Jean XXIII souligne dans son encyclique que même la surcharge des tâches ne peut être invoquée comme prétexte pour nous dispenser de la prière qui est pour le prêtre non seulement un devoir de piété personnelle, mais une obligation contractée envers l'Église, quand il s'agit de la récitation quotidienne de l'office divin. Le pape estime que c'est « pour avoir négligé telles de ces prescriptions que certains membres du clergé se sont vus peu à peu livrés à l'instabilité extérieure, à l'appauvrissement intérieur, et exposés un jour sans défense aux tentations du monde (…). Le prêtre, pour tenir dignement sa place et remplir son devoir, poursuit-il, doit se consacrer avant tout à la prière... Plus que tout autre, il doit obéir au précepte du Christ: il faut toujours prier ; précepte que saint Paul recommande avec instance : persévérez dans la prière, avec vigilance et dans l'action de grâces... Priez sans cesse » (n°53).

Et le pape conclut : « Rien ne saurait remplacer dans la vie d'un prêtre la prière silencieuse et prolongée devant l'autel. Tour à tour, l'adoration de Jésus, notre Dieu, l'Action de grâces, la réparation pour nos propres fautes et celles des hommes, la supplication pour tant d'intentions qui lui sont confiées, élèvent ce prêtre à plus d'amour pour le

Maître divin à qui il a donné sa foi et pour les hommes qui attendent son ministère sacerdotal. C'est par la pratique d'un tel culte, éclairé et fervent envers l'Eucharistie, qu'un prêtre accroît sa vie spirituelle et que se forgent les énergies missionnaires des plus valeureux apôtres ».

Il est clair que la prière dans la vie du prêtre ne peut être réduite à un simple devoir ou à une obligation accomplie quelquefois en hâte et distraitement. Elle est fondamentalement l'expression de l'amour qu'il doit avoir pour Dieu et pour le prochain. À ce titre, elle est une activité vitale qui doit transformer progressivement sa vie. Sans la prière qui nous met constamment en contact avec la source de l'amour qu'est Dieu, notre service des autres finit par devenir une activité extérieure qui perd son sens. Sans la prière, l'action risque de dégénérer en agitation, en activisme. La prière change aussi la qualité de notre relation avec ceux pour lesquels nous nous dévouons. Elle nous permet d'éviter les déviations possibles du "service des autres", comme le culte de la personnalité ou l'illusion d'être indispensable.

Il est préférable que le prêtre soit perçu comme un homme de prière plutôt qu'un homme d'action, même si ces deux dimensions, loin de s'opposer, ne font que se compléter. En effet, l'action pastorale qui se laisse inspirer par Dieu aura toujours besoin de se nourrir dans la prière. Et la prière, si elle est authentiquement vécue comme expression de la charité, est déjà action et dispose à l'action. Notre prière, si confiante soit-elle, ne nous dispense jamais de l'action. L'effort humain, la mise en œuvre de moyens humains et la recherche de solutions adéquates aux problèmes restent indispensables. L'homme qui prie n'est donc nullement déchargé de ses responsabilités. Mais c'est dans la prière qu'il trouvera la force de tenir debout et de marcher envers et contre tout. « Je peux tout en celui qui me rend fort » (Ph 4,13).

En août 2010, à l'aéroport de Casablanca au Maroc, j'ai été heureusement surpris de la déduction qu'une policière de confession musulmane a faite en vérifiant mon passeport. En voyant indiquée sur mon document de voyage la profession de « prêtre », elle m'a demandé : « Vous êtes donc prêtre ? » J'ai répondu par l'affirmative. Elle en a conclu: « Donc vous faites des prières ? » J'ai encore répondu par l'affirmative et, à sa demande, je lui ai promis de prier pour elle. Elle m'a fait un grand sourire en me demandant de ne pas oublier de prier pour elle. Ce que je lui ai promis. Cette brève conversation m'a enseigné deux vérités. La première, c'est que ma profession c'est de prier. Nous avons, nous prêtres, la vocation d'être des professionnels de la prière, de la relation avec Dieu ; la deuxième, c'est que par la prière, je peux rejoindre des personnes qui ne partagent pas la même foi que moi. Certes, je ne peux pas annoncer explicitement le Christ à cette Marocaine qui est musulmane par tradition et sans doute par conviction, mais je peux prier pour elle, afin que Dieu ouvre son cœur à ses dons les meilleurs.

2. L'Eucharistie, centre et sommet de la vie du prêtre

On peut définir le Curé d'Ars comme un homme de l'Eucharistie. La foi ardente en la présence réelle du Christ dans le Saint Sacrement fut peut-être une de ses plus grandes grâces et une de ses plus grandes joies. Il est bien connu que l'Eucharistie et particulièrement la présence eucharistique de Jésus étaient au centre de sa vie et de son ministère. Il est intéressant de comprendre comment le saint Curé d'Ars a vécu et compris le lien essentiel entre le sacrement de l'Eucharistie et la nature du sacerdoce, tant du point de vue de sa mission que du point de vue de sa spiritualité. Cependant, ce lien ne peut être compris que si l'on prend la vraie mesure de la passion qui animait le cœur de Jean-Marie Vianney, celle qui le poussait à travailler de toutes ses forces pour le salut des âmes. C'est animé par cette passion qu'il trouvait sa joie à donner Dieu aux hommes et les hommes à Dieu par la célébration de l'Eucharistie. Le cœur brûlant de cette même passion, il passait de longs moments d'adoration et d'intercession devant le Saint Sacrement et dans le confessionnal. Il voulait, comme saint Paul, gagner le plus grand nombre d'hommes et de femmes au Christ. Cette recherche du salut du plus grand nombre éclaire la vocation du Curé d'Ars et devrait éclairer également celle de ceux qui, dans l'Église, ont charge d'âmes. C'est dans l'Eucharistie célébrée par le prêtre que le Christ actualise son don de soi sur la croix et le salut qu'il nous a obtenu par sa mort et sa résurrection.

Non seulement le prêtre rend présents et accessibles les moyens du salut, mais il est aussi associé à cette œuvre comme pasteur des âmes uni à l'offrande de l'Unique Pasteur. Autrement dit, il n'est pas seulement instrument du Christ, mais il participe à cette œuvre comme pasteur qui prend au sérieux sa responsabilité pastorale en donnant sa vie pour ses brebis. « Précisément, affirme Jean Paul II, nous voyons dans le Curé d'Ars un prêtre qui ne s'est pas contenté d'accomplir extérieurement les gestes de la Rédemption ; il y a participé dans son être, dans son amour du Christ, dans sa prière constante, dans l'offrande de ses épreuves ou ses mortifications volontaires... »

Lors du centenaire de la mort du saint Curé, Monseigneur Alfred Ancel, alors évêque auxiliaire de Lyon, écrivait : « Parfois, la responsabilité des paroisses, des œuvres et des mouvements est exercée d'une façon trop humaine et on ne pense pas assez que l'on est responsable, devant Dieu, de chaque personne qui nous est confiée par l'Église. Nous nous donnons avec énergie et générosité à de nombreuses activités, mais avons-nous assez le souci de sauver les personnes ? Un signe : quelle place donnons-nous à la souffrance et à la croix dans notre vie ? Ce n'est pas l'action, mais la passion qui sauve »[15].

Cette compréhension de la mission fondamentale du prêtre nous place au cœur du mystère de l'Eucharistie, et même d'une spiritualité sacerdotale nourrie du mystère eucharistique, celle qui a animé toute la vie du Curé d'Ars. Pour faire prendre conscience aux fidèles et à tous les êtres humains que Jésus est mort par amour pour eux et pour leur salut, il

---

[15] Mgr Alfred ANCEL, *La spiritualité pastorale du Curé d'Ars*, dans "Journées sacerdotales du Centenaire", éd. Fleurus 1960, p.145-146.

faut que le prêtre leur présente Jésus souffrant et glorieux, qui donne aujourd'hui sa vie pour eux. Or le moyen le plus efficace et le plus fécond pour le prêtre est de s'offrir lui-même en même temps qu'il offre l'Eucharistie, et de témoigner par toute sa vie de cette donation totale de soi, à l'exemple du Christ.

De cette manière, le prêtre peut obtenir la conversion de ceux et celles qui sont témoins de son union à la passion du Christ, et la communion des fidèles à la vie même du Christ. Dans la pratique eucharistique du Curé d'Ars, cette communion se déploie d'une triple manière : dans l'union au sacrifice du Christ, par la prière et l'adoration de Jésus-Eucharistie, et par la communion eucharistique au sacrement de l'Amour. Le prêtre permet cette communion, il en est le serviteur : c'est grâce au sacrifice eucharistique que le Christ donne aujourd'hui son corps comme pain qui nourrit la vie de Dieu en tous les êtres humains, et verse son sang pour les purifier de leurs péchés.

2.1. Le prêtre, ministre du sacrifice eucharistique

Toute la vie du Curé d'Ars est eucharistique au sens où il vit au quotidien la grâce reçue dans la communion à l'unique Sauveur. Pour lui, « la sainte communion et le saint sacrifice de la messe sont les deux actes les plus efficaces pour obtenir le changement des cœurs »[16]. D'où l'importance de l'Eucharistie comme acte essentiel qui rend présent le sacrifice du Christ : c'est bien le Christ qui sauve dans l'Eucharistie où il s'offre aujourd'hui pour le genre humain. À ce propos, on peut citer cette célèbre déclaration du Curé d'Ars : « *Toutes les bonnes œuvres réunies n'équivalent pas au sacrifice de la messe, parce qu'elles sont les œuvres des hommes, et la sainte messe est l'œuvre de Dieu. Le martyre n'est rien à comparaison : c'est le sacrifice que l'homme fait à Dieu de sa vie ; la messe est le sacrifice que Dieu fait pour l'homme de son Corps et de son Sang* »[17]. Le prêtre ne doit pas se contenter de répéter extérieurement les paroles par lesquelles Jésus se donne pour le salut du monde : « Prenez et mangez… Prenez et buvez ». Il doit s'associer intimement à ce sacrifice, comme le rappelait le pape Jean-Paul II dans sa Lettre aux prêtres le Jeudi Saint 2005 : « Il ne nous est pas possible de répéter les paroles de la consécration sans *nous sentir personnellement engagés dans ce mouvement spirituel.* D'une certaine manière, c'est aussi de lui que le prêtre doit apprendre

---

[16] Cité par M. de La Bastie in NODET B., *Jean-Marie Vianney, Curé d'Ars, sa pensée, son cœur*, Le Puy, 1958, p. 107.
[17] *Ibid.*, p. 110.

à dire, en vérité et avec générosité: «Prenez et mangez ». En effet, sa vie a du sens s'il sait faire de lui-même un don, se mettant à la disposition de la communauté et au service de tous ceux qui sont dans le besoin. C'est bien cela, en effet, que Jésus attendait de ses disciples, comme le souligne l'évangéliste Jean lorsqu'il raconte le lavement des pieds. C'est cela également que le Peuple de Dieu attend du prêtre (…). Le prêtre réalise, dans sa propre chair, le «prenez et mangez » par lequel le Christ, lors de la dernière Cène, se confia lui-même à l'Église » (n° 3).

2.2. *La communion du prêtre avec Jésus-Eucharistie*

Il est clair que l'aspect du mystère eucharistique le plus développé chez le Curé d'Ars est celui de la présence eucharistique. La présence de Jésus-Eucharistie dans l'Église, au cœur d'Ars, rappelle une chose essentielle : Dieu est présent au milieu de son peuple comme un Dieu-donné. La présence eucharistique est donc signe de l'amour de Dieu ! Mais il ne suffit pas que le prêtre permette au Christ d'être substantiellement ou corporellement présent dans l'Eucharistie ; il faut encore et surtout que sa vie soit un témoignage vivant de sa foi eucharistique pour encourager le peuple de Dieu à adopter une attitude véritable d'adoration et de joyeuse espérance. « *Il est là !* » Tel était le cri si souvent répété par Jean-Marie Vianney qui a ravivé dans les cœurs de ses paroissiens non seulement la foi, mais la confiance totale en un Dieu qui se fait proche. Parce que l'homme a besoin de signes, Dieu a voulu que par le prêtre soit signifiée la présence de Celui qui seul est venu guérir et combler les cœurs. Ô quelle grandeur du prêtre qui, malgré ses faiblesses, a pouvoir de réaliser, par les paroles de la consécration eucharistique, la transformation du pain et du vin en corps et sang du Christ pour la Rédemption des hommes ! Dans l'Eucharistie, Dieu s'offre aux hommes comme le pain qui nourrit la vie divine en eux et comme présence qui les invite à la communion, à la rencontre personnelle et à l'adoration. Si par la célébration de l'Eucharistie le Curé d'Ars rendait sacramentellement présent le Christ, par de longues heures d'adoration devant le Saint-Sacrement, il accueillait cette présence du Christ comme le don le plus précieux.

Dans ce cœur à cœur avec Jésus-Eucharistie, Jean-Marie Vianney éprouvait une joie profonde et recevait un grand réconfort dont il témoignait en ces termes : « *Le sacerdoce est une charge si lourde que si le prêtre n'avait pas la consolation et le bonheur de célébrer la Sainte Messe, il ne pourrait pas la supporter »*[18]. C'est dans la foi en l'Eucharistie et la joie de l'adoration que le saint Curé d'Ars a puisé l'énergie de son apostolat : « *Ah, si nous avions la foi, si nous étions bien pénétrés de la présence de Notre-Seigneur qui est là sur nos autels avec ses mains pleines de grâces, cherchant à les distribuer, avec quel respect nous serions en sa sainte présence* »[19], soupirait-il.

La faim et la soif eucharistiques à la fois entretenues et comblées par l'Eucharistie témoignent que seul Dieu suffit au cœur de l'être humain. Si le prêtre éprouve une telle faim et une telle soif de Dieu, il cherchera naturellement à les communiquer aux fidèles en leur permettant, par son ministère, de participer autant que possible à la messe et de communier au corps du Christ. La communion fréquente que le curé d'Ars encourageait de plus en plus largement parmi ses paroissiens et les pèlerins visait cette finalité pastorale[20]. Il y avait certes chez

---

[18] Cité par Alix de Belvey,É in NODET B., *Op. cit.*, p.104.

[19] Cité par Catherine Lassagne in NODET B., *Op. cit.*, p.113.

[20] Si la participation quotidienne à la messe est, depuis longtemps, encouragée dans l'Église Catholique, on peut cependant craindre que la routine et l'habitude du sacré n'enferment certains fidèles, y compris des prêtres, dans des pratiques ritualistes ou dévotionnelles, dont les effets se réduisent souvent à la satisfaction psychologique d'avoir

lui peu de développements théologiques sur l'Église et l'Eucharistie, mais sa pratique eucharistique produisait des fruits indéniables : toute sa paroisse a été peu à peu entraînée dans une même communion et un même élan d'amour.

Célébrer l'Eucharistie est une joie immense qui est le creuset par lequel l'amour du Christ nous appelle à l'offrande totale de toute notre vie de prêtres. C'était la vocation du saint Curé, c'est aujourd'hui la nôtre.

---

accompli une dévotion ou un rite sacré. La rareté ou la suppression pure et simple de l'homélie ou de l'exhortation au cours des messes en semaine semblent favoriser ces pratiques dans certaines communautés. C'est sans doute parce qu'il était conscient de ce danger que le Curé d'Ars assurait aux fidèles environ une heure de catéchèse par jour, en dehors de la messe. Si le prêtre désire permettre aux fidèles de se nourrir autant de la Parole de Dieu que du Corps du Christ, il ne peut pas se contenter de proclamer l'Évangile sans l'actualiser par une brève homélie, une exhortation ou un commentaire. Malheureusement, les contraintes de la vie quotidienne et les impératifs du travail sont tels que le temps de la messe quotidienne est souvent réduit à la portion congrue. Malgré tout, nous ne devons pas renoncer à penser qu'une fructueuse participation à l'Eucharistie devrait produire chez les pratiquants un changement de vie en profondeur, même si les effets spirituels de l'Eucharistie ne se mesurent pas en termes quantitatifs et sont, par ailleurs, rarement perceptibles dans l'immédiat.

Tenir Jésus entre nos mains conduit à l'adorer et à vouloir nous unir à lui pour le salut du monde. Toute notre vie de pasteurs devient offrande et communion dans un élan d'amour. Dès lors, la spiritualité du prêtre ne peut que se déployer dans la recherche ardente et constante d'une plus grande conformité au Christ.

2.3. L'adoration eucharistique

Le Curé d'Ars consacrait de longues heures à adorer Jésus-Eucharistie. Par son exemple et sa prédication, il enseigna à ses paroissiens l'importance de l'adoration eucharistique qui doit être essentiellement faite de silence et de contemplation. Cette simplicité de l'adoration est sobrement décrite par un paysan d'Ars, dans un témoignage sur sa manière d'adorer quotidiennement Jésus présent dans le tabernacle: « Je l'avise et il m'avise ». Il suivait en cela les conseils et l'exemple de son curé qui disait : « *On n'a pas besoin de tant parler pour bien prier. On sait que le Bon Dieu est là, dans le saint Tabernacle. On lui ouvre son cœur, on se complaît en sa présence. C'est la meilleure prière, celle-là* »[21].

---

[21] Bernard NODET, *Jean-Marie Vianney, Curé d'Ars. Sa pensée, son cœur*, p. 21-22.

Le curé d'Ars conseillait à ses paroissiens de ne manquer aucune occasion pour se recueillir devant le tabernacle, ne fût-ce que pour peu de temps : « *Si vous passez devant une église, entrez pour saluer Notre Seigneur. Pourrait-on passer devant la porte d'un ami sans lui dire bonjour ?* »[22] Voilà une excellente manière de montrer que Jésus est la référence et le centre de toute vie chrétienne. C'est d'ailleurs ce que, à sa suite, le pape Jean-Paul II soulignait dans *Mane nobiscum, Domine (Reste avec nous Seigneur)* (2004) : « La présence de Jésus dans le tabernacle doit constituer comme un pôle d'attraction pour un nombre toujours plus grand d'âmes pleines d'amour pour lui et capables de rester longuement à écouter sa voix et à entendre presque les battements de son cœur».

L'archevêque de São Paulo au Brésil, le cardinal Odilo Scherer, a rappelé aux prêtres brésiliens réunis en février 2010 pour leur rencontre nationale l'importance de l'adoration eucharistique hebdomadaire dans chaque paroisse. Là où l'adoration eucharistique quotidienne ou hebdomadaire a été instaurée, on a constaté généralement un renouveau de la pastorale, de nombreuses conversions, un regain de la pratique religieuse et une floraison de vocations.

---

[22] *Ibid.* p. 113.

Au début, il ne faut pas attendre de rassembler un grand nombre de personnes pour instaurer la pratique de l'adoration eucharistique. Il suffit de deux ou trois pour commencer, car le Royaume de Dieu a toujours des commencements très humbles : il ressemble à un grain de sénevé qui devient ensuite un grand arbre.

Concluons par cette invitation du Curé d'Ars : «*Si nous aimions le Bon Dieu, nous nous ferions une joie et un bonheur de venir passer quelques instants pour l'adorer, pour lui demander la grâce de nous pardonner; nous regarderions ces moments comme les plus beaux de notre vie. Quelle conclusion devons-nous tirer de tout cela? La voici: c'est de regarder comme le moment le plus heureux de notre vie celui où nous pouvons tenir compagnie à un si bon ami.*»

Chapitre 4

La gestion pastorale du temps et des relations humaines

Il s'agit bien de la gestion pastorale du temps et des relations humaines qu'entretient le prêtre et non de la gestion de son temps pastoral et de ses relations humaines. La nuance est de taille, car le titre délibérément choisi indique qu'il n'y a pas - ou il ne devrait pas y avoir - un temps qui est pastoral et un autre qui ne l'est pas. La vie du prêtre ne souffre pas de dichotomie entre ce qui est pastoral et ce qui est personnel, entre ce qui est public et ce qui est privé. Sa vie privée est publique, non parce qu'il aurait le devoir d'extérioriser toute sa vie intérieure et spirituelle ou de publier ce qui lui est confié dans le secret, mais en cela seul que tout ce qu'il fait, tout ce qu'il dit et tout ce qu'il vit doit avoir une dimension pastorale. En d'autres termes, son temps, ses relations, ses biens, etc., doivent être ordonnés au salut des âmes (*salus animarum*). Puisqu'il a donné entièrement sa vie au service de Dieu et de l'Église, il ne peut plus la reprendre pour la compartimenter en vie privée et en vie publique, où la seconde finit souvent par se réduire à la portion congrue. S'il a totalement donné sa vie, il doit considérer que même son sommeil et son temps de repos ne lui appartiennent pas. S'il se repose, c'est pour mieux servir. Et si pour mieux servir, il faut qu'il se repose, alors le repos et la discipline du sommeil n'obéiront pas uniquement à des critères personnels de santé, de confort ou de bien-être, mais ils seront d'abord commandés par les impératifs de son ministère. Il y a donc une gestion pastorale du temps et des relations humaines dont le Christ et les saints prêtres nous donnent l'exemple.

1. La gestion pastorale du temps

Comment Jésus a-t-il géré pastoralement son temps ? Dans l'Évangile selon saint Marc (1,29-39), nous avons une présentation synthétique d'une journée type de Jésus, une journée de '24 heures'. Nous pourrions la schématiser ainsi :

- *Prière personnelle* : Jésus commence très tôt sa journée par un temps de prière dans le silence, avant le lever du soleil. L'évangéliste note en effet ce détail : « bien avant l'aube, Jésus se leva. Il sortit et alla dans un endroit désert, et là il priait » (v. 35).

- *Prière communautaire* : Jésus se rend ensuite à la synagogue pour participer à la prière communautaire (v. 29 : « En quittant la synagogue... »).

- *Visite en famille* : « En quittant la synagogue, Jésus, accompagné de Jacques et Jean, se rend chez Simon et André » (v. 29). Là il s'intéresse à tous et s'enquiert des nouvelles de chacun. On lui parle de la belle-mère de Pierre qui souffre de la fièvre. Jésus la soulage de son mal et la belle-mère de Pierre est heureuse de servir Jésus et tous les autres hôtes.

- *Repas*: On suppose naturellement que le service que la belle-mère de Pierre rendait était le service de la table. Il y a de nombreux passages de l'Évangile qui présentent Jésus à table chez des amis ou chez des publicains qui l'ont invité ou chez qui il s'est invité (cf. Zachée).

- *Accueil des visiteurs et des nécessiteux* : N'ayant pas un chez soi, 'pas même une pierre où reposer la tête', c'est chez Pierre que Jésus se rendait souvent quand il allait en Galilée. C'est là qu'il se rendait disponible pour accueillir tous ceux qui venaient à lui, après le coucher du soleil : « La ville tout entière se pressait à la porte » (v.33), rapporte l'évangéliste Marc, qui n'a pas peur d'exagérer. « On lui amenait tous les malades, et ceux qui étaient possédés par des esprits mauvais » (v. 32). Jésus prend le temps d'accueillir chacun et de lui donner réconfort et guérison.

- *Le repos de la nuit* : Dans le passage de l'évangile selon saint Marc, on suppose que Jésus a dormi la nuit, puisque l'évangéliste mentionne que le lendemain, avant l'aube, *il se leva*. Jésus est un lève-tôt. L'évangéliste ne dit pas, en revanche, s'il est un couche-tôt ou un couche-tard.

- *Sortie missionnaire ou tournée pastorale*: Jésus refuse de se laisser accaparer par quelques-uns. Il pense à ceux qui sont loin et qui n'ont pas encore eu la chance d'entendre la bonne nouvelle du salut. Pendant que tout le monde le cherche à Capharnaüm, Jésus dit à ses disciples : « Partons ailleurs, dans les villages voisins, afin que là aussi, je proclame la bonne nouvelle ; car c'est pour cela que je suis sorti. » (v. 38).

Nous avons, dans cet horaire d'une journée type de Jésus, les principales activités qui doivent constituer le contenu de nos journées pastorales : prière personnelle et communautaire (célébration eucharistique), visites en famille et surtout visites des malades, repas et repos, accueil des visiteurs, de ceux qui viennent nous voir parce qu'ils savent que nous leur donnons ou nous leur proposons ce qu'ils ne trouvent nulle part ailleurs, mais aussi accueil de tous les autres qui ne perçoivent pas bien la spécificité de notre ministère. Cette pastorale du centre ne doit cependant pas nous faire oublier la pastorale de la périphérie où la mission est aussi urgente. Nous sommes appelés à porter la bonne nouvelle à ceux qui sont loin, à ceux qui n'ont pas la possibilité de se rendre au centre paroissial ou qui sont à la périphérie de l'organisation sociale et souvent pastorale.

Après la schématisation d'une journée type de Jésus, voici l'organisation d'une journée type du saint Curé d'Ars pendant les vingt dernières années de sa vie[23].

- 1 h (ou 4 h) : M. Vianney sonne lui-même l'angélus pour annoncer que l'église est ouverte et qu'il commence à confesser. Il se met au confessionnal des femmes.

---

[23] André DUPLEIX, *Comme insiste l'amour*, p. 323-324 : « Une journée du curé d'Ars vers 1850 ».

- 6 h 30 : Il quitte le confessionnal et se prépare, à genoux, à la messe.

- 7 h : Il célèbre la messe. À la sacristie, il bénit les médailles, signe des images et rencontre quelques personnes qui ont pu s'approcher de lui.

- 8 h : Il se rend rapidement à la Providence pour prendre un peu de lait, en revient aussitôt et se met au confessionnal des hommes.

- 10 h : il ressort un instant pour réciter une partie de son office, à genoux sur les carreaux de la sacristie, puis se remet à confesser jusqu'à 11 h.

- 11 h : Il se rend à la petite chaire des catéchismes où il parle pendant une heure environ. Il conclut par la récitation de l'angélus.

- 12 h : Il se rend à la cure, traversant difficilement la foule tassée sur les quelques mètres. On y place les malades, les enfants. Il s'arrête, encourage, sourit, dit quelques mots, puis rentre prendre son léger repas dans une écuelle : un peu de soupe avec quelques légumes.

- 12 h 30 : Il visite ses malades (il ne l'omettra jamais). *« Il m'est arrivé de pouvoir entre midi et une heure, dîner, balayer ma chambre, faire ma barbe, dormir et visiter mes malades... »*, confiait-il.

- 13 h : En revenant à l'église, il passe (souvent) à la Providence voir ses « enfants » et salue (à partir de 1853) les missionnaires voisins ainsi que ses confrères de passage. Il se remet au confessionnal des femmes après avoir récité la suite de son office.

- 16 h : Après un nouveau passage rapide à la cure, il revient au confessionnal des hommes.

- 20 h : Il monte en chaire pour dire le chapelet et la prière du soir. Puis il revient au presbytère où il passe un moment avec ses collaborateurs et éventuellement quelques personnes rencontrées à part.

- 21 h : Il s'enferme seul dans sa chambre, où il lit et prie encore une bonne heure avant de s'endormir.

Il est évident que cette présentation d'une journée type du Curé d'Ars ne vise pas à nous inciter à en reproduire exactement le contenu, à moins de vouloir rivaliser avec lui en matière d'ascèse et de prière. Il est peu probable en effet que l'on puisse soutenir un tel rythme de vie et d'activité sans consacrer beaucoup de temps à la prière et à l'adoration eucharistique. C'est du moins ce que nous enseigne l'exemple des saints pasteurs : plus ils priaient, moins ils avaient besoin de temps pour se reposer. La prière était pour eux l'activité par excellence où ils trouvaient non seulement le repos de l'âme, mais aussi celui du corps. C'est un idéal qu'un prêtre américain, Leo John Trese, avoue être loin d'avoir réalisé. Dans son opuscule intitulé *Comme un vase d'argile,* il passe en revue, non sans humour, les activités d'une de ses journées pastorales. Au sujet de la surcharge de l'emploi du temps du prêtre et du surmenage qu'elle peut entrainer, il imagine un entretien avec saint Laurent. Celui-ci l'invite à ne pas chercher à tout faire, comme s'il est le sauveur indispensable que tous attendent. Pour l'en convaincre, il lui rappelle le sort de certains confrères qui se sont épuisés à la tâche, alors qu'ils négligeaient de se ressourcer dans la prière : « "Regarde l'abbé Harrumph, lui dit saint Laurent, il croyait que sa charge était trop lourde pour lui, alors il a eu recours à l'alcool et quel bien fait-il maintenant dans une maison de santé ? Il y a aussi l'abbé Hustle, un cardiaque chronique et l'abbé Hurry, avec de fameux ulcères ; chacun d'eux pensait que le monde irait à sa ruine, s'il ne le portait pas personnellement sur ses épaules" »[24]. Alors que Leo John s'apprêtait à faire

---

[24] Leo John TRESE, *Comme un vase d'argile,* traduit de l'Américain, Paris, Le laurier, 1997, p. 51.

une objection, saint Laurent leva la main pour l'arrêter : « " Attends une minute (…), ne me parle pas des saints qui se sont consumés en travaillant pour les âmes. Quand tu seras un saint, je ne reviendrai pas discuter là-dessus avec toi. Dès que tu commenceras à passer toute la nuit en prières devant le tabernacle… À propos, s'interrompit saint Laurent, as-tu déjà pensé combien ton temps serait plus fructueusement employé, si tu le dépensais davantage en prières et moins à tourner en cercle autour de toi ? Essaye donc de changer" »[25]. Essayons, nous aussi de changer, si nous sommes dans la situation de ces confrères victimes de l'activisme pastoral ou du *burnout*, dirions-nous aujourd'hui.

Il y a deux tentations opposées auxquelles le prêtre risque de succomber dans son rapport au temps et à sa mission : celle de l'activisme et, à l'opposé, celle de l'apathie ou de l'oisiveté. Dans le premier cas, le prêtre a le sentiment d'être trop occupé, d'être victime de la surcharge. Leo John pense que c'est un prétexte dont lui-même devrait se débarrasser : « "Trop occupé", c'est une échappatoire que je n'ai pas encore réussi à éliminer complètement, avoue-t-il. Sans cesse je dois en faire le sujet de mon examen. Trop occupé pour me débarrasser de ma première, de ma seule

---

[25] *Ibid.*, p. 51.

obligation, qui est de me sanctifier ? Est-ce que mes gens en souffriront si je consacre du temps à devenir un meilleur prêtre ? Je suis enfoncé jusqu'au dessus de la tête dans les réunions, les projets, les activités. Tous les soirs la lumière est allumée dans le hall du presbytère. J'ai organisé tous les membres de ma paroisse, sauf les chiens et les chats. Et je n'ai pas de temps pour moi (…) »[26]. Son examen de conscience débouche sur cette résolution pleine de sagesse : « Avant de tenter de suivre l'exemple de saint Paul, en étant tout à tous, je veux d'abord m'efforcer de suivre son exemple en faisant vivre le Christ en moi et moi dans le Christ »[27]. C'est une résolution que nous pouvons faire nôtre nous aussi pour vaincre la tentation de l'activisme, de la surcharge pastorale et de la dispersion.

L'autre tentation à laquelle le prêtre peut être exposé, c'est de s'affairer sans rien faire, c'est-à-dire de ne rien programmer dans la journée, mais d'être occupé à tant de choses qui n'ont souvent pas grand-chose à voir avec son ministère presbytéral. C'est une forme d'oisiveté active qui, comme toute oisiveté, est une porte dangereusement ouverte par laquelle entrent les vices. La conception pastorale du temps qui doit

---

[26] *Ibid.*, p. 69.
[27] *Ibid.*, p. 70.

être la nôtre est celle-ci : mon temps appartient à Dieu et le temps de Dieu est tout entier pour le salut des âmes. Dès lors, toute occupation du temps (qu'elle soit activité ou repos) qui n'a pas cette finalité ultime est un gaspillage de ce qui été confié à notre gestion.

Dans cette logique, Leo John estime par exemple qu'une sieste prolongée par paresse ou par suite d'une mauvaise gestion du temps est un abus dont il faut prendre conscience. Il écrit à ce sujet : « Un prêtre en bonne santé qui retourne au lit après son petit déjeuner n'est pas normal, de même le prêtre qui se retire après le déjeuner pour ne se lever qu'au moment du dîner. Surement ce serait une thèse soutenable d'affirmer que chaque heure, au-delà de huit, par vingt-quatre heures, est du temps dérobé à Dieu et aux paroissiens. Cette thèse aurait comme raison majeure que pas un seul prêtre loyal ne peut regarder Dieu en face, à une heure quelconque du jour et dire : ' je n'ai rien à faire ' »[28]. Je n'ai rien à faire s'entend ici : « je n'ai rien à faire comme travail pastoral ». Car le prêtre ne peut avoir bonne conscience pastorale s'il passe le plus clair de son temps à s'occuper de choses ou de relations qui ne cultivent pas son esprit, ne dilatent pas son cœur, n'élèvent pas son âme, et ne contribuent pas à le rendre meilleur et à rendre les autres

---

[28] *Ibid.*, p. 74-75.

meilleurs. Pour atteindre à une discipline de vie et à la vertu, l'étude conjuguée avec la prière et l'ascèse est une occupation que le prêtre ne peut négliger, comme nous le rappelle la mystique laïque Conchita Cabreta de Armida (1862-1937), née au Mexique : « Ce qui fait beaucoup de tort aux prêtres, c'est le manque d'étude; ils ne doivent jamais mettre de côté l'étude qui permet des approfondissements infinis. Les livres bons et saints sont le salut des prêtres et l'amour pour ces livres les libérera de bien des maux. À part le fait que les études permettent au prêtre d'être cultivé, compétent et tenu à jour pour pouvoir conseiller convenablement et ne servir que Dieu et les âmes, cette étude constante – je le répète – le libérera d'une infinité de dangers. (…). Pour consacrer suffisamment de temps aux études, il faut du recueillement, une vertu absolument nécessaire au cœur du prêtre et à sa relation au monde ».

Jean-Marie Vianney n'était pas un intello rassasié de livres savants et maniant des concepts subtils. Mais sa bibliothèque était bien garnie (plus de 400 volumes !) en particulier de livres pastoraux et spirituels. S'il ne mordait pas à une philosophie traduite de surcroît en latin (sa bête noire !), il était doté d'une merveilleuse sagesse, comme l'attestent ses réparties et ses enseignements.

L'organisation pastorale de notre temps pourrait s'inspirer d'un principe qui établit un sage équilibre entre le temps de prière et le temps de l'action. Ce principe, en apparence paradoxal, aurait été formulé par un jésuite du XVIIe siècle en ces termes: « Confie-toi à Dieu comme si le succès des choses dépendait entièrement de toi et en rien de Dieu ; donne-toi cependant pleinement à l'œuvre comme si tu ne devais rien faire, et Dieu seul toute chose ».

2. La gestion pastorale des relations humaines

Il y a deux principes complémentaires qui fondent la relation de Jésus aux hommes : c'est le 'tout à tous' à l'exception du péché et l'option préférentielle pour les pauvres et les petits. Jésus ne pratique aucun sectarisme ni aucune discrimination dans ses relations. Il ne se laisse pas enfermer dans les interdits sociaux, culturels et religieux qui sont souvent contraires à l'esprit de charité universelle qui l'anime. Il s'en affranchit lorsque l'exigent les impératifs de sa mission d'amour et de salut. C'est ainsi que dans l'Évangile, nous le voyons fréquenter aussi bien des pharisiens que des publicains, aussi bien des chefs de synagogues que des samaritains et des Cananéens, aussi bien les hommes que les femmes, aussi bien les riches que les pauvres et les petits, tout en affichant sa préférence pour ces derniers. Aucune catégorie sociale n'est négligée ou ignorée par Jésus qui est animé par l'unique intention : celle de communiquer à tous l'amour de Dieu par les guérisons, le pardon des péchés, la proclamation de la vérité de l'Évangile, la reconnaissance de la valeur des personnes qu'il rencontre et l'invitation à la conversion. Il est totalement disponible et accessible à tous, au point que souvent, il ne trouve même pas le temps de manger ni de se reposer. Mais il témoigne par là qu'il n'est pas venu pour se ménager, pour sauver sa vie ou pour s'enfermer dans l'espace étroit et surveillé de sa vie privée dont il jouirait de manière égoïste. Il est venu pour donner sa vie et il n'attend pas le moment de la passion pour le faire. Il est venu témoigner du don de Dieu, car en lui les êtres humains rencontrent à la fois Dieu-donné et Dieu-donnant.

La mission du prêtre, c'est d'être si bien configuré au Christ que ceux et celles qui le rencontrent peuvent voir en lui le visage de Dieu. Un habitant d'Ars a donné ce témoignage en parlant de sa rencontre avec Jean-Marie Vianney : « J'ai vu Dieu dans un homme ». C'est le plus beau témoignage que l'on puisse rendre à un prêtre. Il doit vivre de telle manière que les autres découvrent en lui le Christ et soient attirés par l'amour du Christ qui transparait en lui. Pour ce faire, il ne doit connaitre personne sur le plan purement humain, c'est-à-dire, selon la chair, comme l'affirme saint Paul (cf. 2 Co 5,16). Il ne doit se laisser guider ni par l'intérêt, ni par la simple sympathie ni par l'antipathie, mais il doit faire le premier pas vers tous, sans préjugé ni calcul, comme l'a fait le Christ. Cependant, l'exigence de proximité à laquelle le prêtre doit se conformer en toutes situations ne doit pas devenir prétexte à entretenir des relations vulgaires et superficielles. Comme l'écrit saint Grégoire le grand, « le pasteur d'âmes doit être proche de tous par sa compréhension, il doit s'élever au-dessus de tous dans la contemplation, pour accueillir en lui, grâce à son amour profond, la faiblesse du prochain, et se transcender lui-même, par l'élévation de sa contemplation et son désir des biens invisibles. Aspirant ardemment à de telles hauteurs, qu'il ne déprécie pas la faiblesse de son prochain ou bien, vice-versa, en s'adaptant à cette faiblesse, qu'il ne cesse pas de désirer de telles hauteurs ».

Le curé d'Ars a su incarner cette double exigence dans sa relation avec tous. Si sa prédication du haut de la chaire rejoignait le cœur de ses fidèles, c'est parce que, comme un bon pasteur, il allait lui-même les rejoindre chez eux. À une époque où les curés n'avaient pas l'habitude de sortir de leur presbytère, Jean-Marie Vianney, lui, tête nue, le chapelet à la main, se mit à visiter toutes les fermes, plus souvent dans les familles qu'il sentait capables de l'aider dans la réforme de sa paroisse : « Il choisissait plus volontiers l'heure des repas pour trouver plus facilement la famille réunie. Pour ne pas causer de dérangement, ni surprise, il s'annonçait de loin, appelant par son nom de baptême le maître de maison, puis il entrait... Il ne n'asseyait presque jamais, il s'appuyait contre un meuble, et commençait à demander des nouvelles de la famille et tout ce qui pouvait l'intéresser. Il semblait que chacun était son meilleur ami. »[29]

La visite des malades est un ministère qu'il exerça avec une parfaite fidélité, même quand il ne disposait que de peu de temps, prisonnier qu'il était devenu du confessionnal où l'attendaient des files interminables de pénitents (il y passait dans les dernières années 15 à 17 heures par jour !). La visite aux malades est une des dimensions très importantes du ministère presbytéral qui témoigne de notre option préférentielle pour les plus faibles de la société. Et ce témoignage est toujours accueilli avec grande

---

[29] André DUPLEIX, *Op. cit.* p. 139-140.

reconnaissance par les gens, comme le souligne Leo John dans son opuscule déjà cité : « Rien ne gagne à un prêtre l'amour de son peuple aussi rapidement que l'apostolat des malades. Il peut bien être irascible, exigeant, acariâtre – on pardonne tout au curé, si les gens savent qu'ils peuvent compter sur lui pour les assister, en bon père et soutien puissant, lorsqu'ils sont malades. »[30].

Le curé d'Ars entretenait de bonnes relations avec tous ses paroissiens. Envers ses vicaires, il témoignait une charité fraternelle faite d'attention, de délicatesse et de patience. Il acceptait humblement d'être aidé, sans chercher à s'imposer ou à revendiquer les privilèges liés à sa fonction de curé. Il désirait même être déchargé de cette fonction, mais ses tentatives de fugue furent vaines. Il recevait à table les confrères, et à l'occasion, il leur offrait des repas plantureux, lui qui d'ordinaire, ne mangeait qu'une pomme ou un peu de lait. Par délicatesse, il ne cherchait pas à imposer sa discipline sévère et son ascèse à ses confrères. En cela, nous sommes invités à l'imiter en renonçant à être la référence incontournable en toutes choses dans notre paroisse ou en d'autres lieux d'exercice du ministère, en jouant volontiers le jeu de la complémentarité des charismes et des compétences.

---

[30] *Ibid.*, p. 39.

Parmi les prêtres collaborateurs du curé d'Ars, trois confrères l'ont particulièrement aidé : l'abbé Tailhades en l'éclairant sur sa pastorale et en le soutenant de ses connaissances, l'abbé Raymond en l'incitant à la charité, et l'abbé Toccanier en l'accompagnant fraternellement durant les dernières années de sa vie. Il fut son véritable confident. Même les défauts et les faiblesses de ces confrères contribuèrent d'une manière ou d'une autre à la sainteté du Curé d'Ars. Savons-nous apprécier la présence et la collaboration des confrères comme une grâce qui nous stimule sur le chemin de la sainteté, ou bien ceux-ci sont-ils vus seulement comme des obstacles à notre épanouissement, des gens avec lesquels nous nous sentons obligés de cohabiter et d'avoir en commun le minimum indispensable ? L'équipe ou la communauté sacerdotale est en soi une grâce qui nous sauve de la solitude et nous donne de vivre concrètement la communion dans la diversité des charismes, si nous accueillons les confrères comme des dons de Dieu. Prenons conscience du risque que nous courons de vivre dans l'équipe presbytérale comme dans un groupe d'individus réunis accidentellement par la même tâche, sans percevoir que la nature de notre mission exige le témoignage de la vie fraternelle de communion concrète. « C'est à l'amour que vous aurez les uns pour les autres qu'on vous reconnaitra comme mes disciples », nous enseigne Jésus (Jn 13,35).

Soulignons l'attention que portait le Curé d'Ars aux grands et encore plus aux petits et aux pauvres de sa paroisse. Il entretenait d'excellentes relations avec les familles qui habitaient les châteaux, même s'il ne se plaisait pas, comme ses prédécesseurs, à y prendre de somptueux repas. Il savait solliciter leur générosité pour soutenir ses œuvres sociales, en particulier la Providence, l'orphelinat qu'il avait fondé. Il entretenait de bonnes relations avec le maire du village, surtout celui qui était en fonction quand il arriva à Ars. Mais il accordait une attention spéciale aux plus pauvres, à ses enfants de l'orphelinat. Chacun - pauvre, malade, étranger, pénitent, simple paroissien - trouvait en lui une écoute et une attention miséricordieuses et se sentait reconnu et aimé. Dans le contexte local de notre ministère, quand les gens viennent à nous, souvent c'est pour nous demander de jouer le rôle de l'action sociale, de la caisse populaire, des secours d'urgence, de médiateurs dans les conflits, de conseillers familiaux ou de confidents. Savons-nous discerner, au-delà de leurs besoins immédiatement exprimés, celui non exprimé d'être écoutés, aimés et introduits dans une relation de confiance et d'amour avec Dieu ? Savons-nous les aider à aller au-delà de leurs besoins immédiats pour éprouver le vrai besoin, celui de vivre dans l'amitié de Dieu ?

Jean-Marie Vianney a su aider ses paroissiens, en particulier les jeunes, à aller au-delà de leurs besoins superficiels et à renoncer à leurs mauvaises pratiques. Il a entrepris en effet de les aider à abandonner certaines pratiques, en particulier la danse, qui donnait lieu à beaucoup de désordres, et la boisson. En conjuguant douceur et fermeté, et par l'ascendant moral qu'il gagna sur ses fidèles, il obtint un changement complet sur ces deux points, malgré les résistances d'un groupe de jeunes et d'opposants au curé. Une quinzaine d'années plus tard, il n'y avait plus de danses, et l'alcoolisme avait disparu : du coup, la misère disparut elle aussi. « En supprimant les cabarets, Monsieur le Curé avait supprimé la cause principale de la misère »[31]. Demandons-nous : notre "être tout à tous" est-il en même temps un engagement à combattre le péché ou plutôt nous rend-il souvent complices du péché et de la médiocrité des autres ?

Qu'en est-il des relations féminines du Curé d'Ars ? Là encore, il nous donne l'exemple de relations à la fois empreintes de délicatesse affectueuse et de chasteté. Le curé d'Ars a été beaucoup soutenu dans

---

[31] A. DUPLEIX, *Op. cit.,* 290.

ses œuvres sociales par des dames riches, généreuses et pieuses comme Mademoiselle d'Ars. Il a bénéficié surtout du précieux soutien de Catherine Lassagne, jeune fille formée par les sœurs pour s'occuper de la Providence où des orphelines étaient accueillies et formées. « Elle était à la fois la maman des jeunes filles accueillies, la maîtresse qui enseignait, celle à qui l'on pouvait tout dire, qui avait un œil et un cœur bienveillants sur tout et sur tous, et qui travaillait toujours en pleine communion avec son curé »[32]. Elle fut très proche du curé d'Ars au quotidien, recevant ou partageant ses confidences, portant ses fardeaux autant qu'elle le pouvait. Après la mort du Saint Curé, elle va continuer sa mission de prière, d'écoute et d'accueil des pèlerins. On peut dire qu'elle a vécu une véritable collaboration avec saint Jean-Marie Vianney et a, en un certain sens, prolongé l'activité pastorale de son Curé.

En notre temps où la collaboration entre prêtres et laïcs (hommes et femmes) est appelée à se développer davantage, le Curé d'Ars et Catherine Lassagne, à la fois sa dirigée et collaboratrice, nous donnent un merveilleux témoignage de collaboration entre les prêtres et les femmes engagées: ils ont su véritablement travailler ensemble dans une mission

---

[32] *Annales d'Ars*, n° 283, p. 7.

commune, chacun restant à sa juste place, et chacun œuvrant pour le bien spirituel de l'autre et des personnes qui leur étaient confiées. La dévotion et le dévouement de Catherine suscitaient l'admiration du Curé d'Ars qui la considérait comme « la plus belle fleur », de son jardin. À l'exemple du Curé d'Ars, nous sommes invités à entretenir des relations vertueuses de collaboration et d'affection avec les laïcs engagés, dont les femmes représentent statistiquement la très grande majorité.

Chapitre 5

La croix dans la vie du prêtre

La grande tentation aujourd'hui pour beaucoup de chrétiens, c'est de vouloir vivre un christianisme sans croix. Il y a des mouvements religieux qui proposent un christianisme sans peine, comme on propose d'apprendre l'anglais sans peine ou l'allemand sans peine. Ces mouvements entretiennent l'illusion d'un christianisme de la prospérité qui met une croix sur la croix, sous prétexte que Jésus a porté une fois pour toutes nos péchés et nos souffrances et que, par conséquent, nous n'avons plus à souffrir. Je ne crois pas qu'il y ait des prêtres qui adhèrent sérieusement à cette conception du christianisme, mais en pratique, nous pourrions être tentés de vivre comme si..., comme si la croix n'existait pas, comme si nous pouvions accomplir de façon féconde notre ministère sans accueillir la croix, comme si nous pouvions être fidèles au Christ tout en cherchant à nous assurer le maximum de confort, de sécurité matérielle et financière. Il ne s'agit pas de rechercher la croix ou la souffrance pour elle-même, il s'agit de comprendre que l'exercice fécond de notre ministère dont la finalité est le bonheur en Dieu de tous les êtres humains va de pair avec le renoncement à soi et l'acceptation des épreuves et des souffrances dans la foi et l'amour. C'est la condition fondamentale de la fidélité du disciple au Christ qui nous dit clairement : « Si quelqu'un veut venir à ma suite, qu'il se renie lui-même, se charge de sa croix chaque jour et qu'il me suive » (Lc 9, 23-26). La croix est inséparable de la vocation chrétienne, car devenir chrétien implique le renoncement à sa volonté pour faire la volonté du Père, ce qui a souvent pour conséquence de provoquer des déchirements intérieurs ou de susciter l'hostilité du monde. Renoncer à soi est la condition pour que l'Esprit du Christ vive en nous. Cela signifie renoncer à être la référence et le critère de ce qui est bien ou mal, renoncer à satisfaire ses penchants égoïstes, renoncer à son temps, à ses idées, même les meilleures, et renoncer à ses biens pour les mettre au service du Christ, au service des autres. Ce renoncement à soi, qui est oubli de soi, de son intérêt, de son confort dans le don total de soi au Christ, exige une vie d'ascèse et de conversion constantes. La souffrance qui naît de ce renoncement est la condition nécessaire pour rencontrer le Christ en profondeur.

Sans cette souffrance, écrit le cardinal Stephen Kim, « nous ne pouvons pas le connaître profondément, ni le rencontrer profondément. Pourquoi précisément à travers la souffrance? La raison en est que si nous ne nous ouvrons pas, nous ne pouvons pas rencontrer le Christ: nous ne pouvons pas rencontrer le Christ sans faire le vide en nous-mêmes, en nous ouvrant. S'ouvrir et faire le vide en soi, ces deux mouvements ne peuvent pas ne pas être accompagnés de la vive souffrance du cœur transpercé par une épée tranchante »[33].

Prendre sa croix signifie accueillir de bon gré, avec amour et par obéissance toutes les épreuves de la vie, les souffrances inhérentes à notre condition humaine, à notre témoignage chrétien et à l'exercice du ministère presbytéral. Prendre sa croix signifie tenir bon dans l'adversité et dans la persécution que nous pourrions subir à cause du Royaume de Dieu et de ses valeurs. Jésus ne cache pas à ses disciples qu'ils auront à souffrir la persécution s'ils sont fidèles à lui et à l'Évangile, car ceux et celles qui refusent d'accueillir la Bonne Nouvelle rejettent logiquement les témoins de cette Bonne Nouvelle (cf. Mt 10, 34 ; Mt 24, 9-13).

---

[33] *Cardinal Stephen Kim* Traduit de l'italien. *Fede e Amore del cardinale Stefano Kim Sou Hwan,* Séoul, 1997, p. 60-61.

En plus de la croix qui vient des autres et des événements extérieurs, il y a cette autre croix non moins lourde qui vient de nos faiblesses, de nos épreuves intérieures et de nos doutes. Accueillir cette croix, c'est offrir nos faiblesses et nos limites pour qu'elles soient le lieu où se déploie la puissance de l'amour du Christ, de sorte que nous puissions dire avec saint Paul : « la puissance du Christ se déploie dans ma faiblesse » (2 Co 12,9). L'essence de la foi chrétienne se révèle dans cette capacité de participer à la croix du Christ, comme nous le rappelle le théologien Dietrich Bonhoeffer « Ce n'est pas l'acte religieux qui fait le chrétien, mais le partage de la souffrance de Dieu dans la vie du monde. C'est la *metanoia*: ne pas penser avant tout à ses propres épreuves, à ses propres problèmes, ses propres péchés, ses propres angoisses, mais se laisser entraîner à la suite de Jésus… ».

Il y a enfin l'épreuve suprême, celle de la nuit de l'esprit dans laquelle nous pouvons avoir le sentiment de perdre Dieu, de nous sentir abandonnés de Dieu. C'est l'épreuve que connaissent beaucoup de saints ; c'est l'épreuve qu'a connue Jésus lui-même quand il a crié sur la croix : « Mon Dieu, mon Dieu, pourquoi m'as-tu abandonné ? » (Mt 27,46). Il peut nous arriver de connaitre des moments de ténèbres et de sécheresse où nous éprouvons l'absence de Dieu et son silence troublant. Ce sont des moments de déprime, de doute, de déception et de solitude qui peuvent nous donner le sentiment de l'échec de notre action pastorale, voire de notre vie. Mais, comme nous le rappelle la philosophe Simone Weil, « si on demeure en ce point sans cesser d'aimer, on finit par toucher quelque chose qui n'est plus le malheur, qui n'est pas la joie, qui est l'essence centrale, essentielle, pure, non sensible, commune à la joie et à la souffrance, et qui est l'amour même de Dieu »[34]. L'amour est l'élément fondamental qui est capable de transformer la souffrance en énergie positive, en puissance de salut et de bonheur. Sans l'amour, la souffrance n'est pas une croix féconde, mais un non-sens. C'est ce qu'affirmait de belle manière le Curé d'Ars : *« Il y a deux manières de souffrir: souffrir en aimant et souffrir sans aimer. Les saints souffraient tous avec patience, joie et persévérance, parce qu'ils aimaient. Nous souffrons avec rage, dépit et ennui, parce que nous n'aimons pas. Si nous aimions Dieu, nous serions heureux de pouvoir souffrir par amour de Celui qui a accepté de souffrir pour nous (…). Vous dites que c'est dur? Non, c'est doux, c'est consolant, c'est agréable: c'est le bonheur…*

---

[34] Simone WEIL, "Lettre VI, Dernières pensées", in *Attente de Dieu,* Paris, Editions de la Colombe, 1950, p. 69.

Seulement, il faut aimer quand on souffre, et souffrir en aimant »[35]. Il n'y a ici aucune incitation à des pratiques doloristes ou masochistes. Porter sa croix ne signifie pas aimer la souffrance ou rechercher les occasions de souffrance. Tout homme normal éprouve une naturelle répulsion à l'égard de la souffrance. Le Christ lui-même n'a pas échappé à cette loi de la nature, puisque dans sa prière à Gethsémani il a demandé à son Père d'être dispensé de souffrir. Mais dans un acte de confiance et d'amour, il s'est soumis à la volonté du Père et s'est dit prêt à donner la preuve de son amour pour son Père et pour les hommes, au cœur même de la souffrance. Accepter la croix ne signifie donc pas aimer la souffrance, mais aimer en souffrant. Saint Augustin remarque justement qu'on peut aimer à endurer, mais que personne n'aime ce qu'il endure.

On comprend donc que le Curé d'Ars n'encourage aucune forme de dolorisme quand il dit qu'« il faut aimer quand on souffre, et souffrir en aimant ». Cependant, on ne peut pas nier que certains de ses propos sur la souffrance et ses pratiques ascétiques ont pu éveiller des soupçons sur l'équilibre et l'orthodoxie de sa conception de la croix. Nous n'insisterons pas ici sur l'ascèse rigoureuse et sévère

---

[35] B. NODET, *Op. cit.*, p. 186.184.

qu'il s'imposa au point de pratiquer l'auto-flagellation et de se priver de nourriture et de sommeil. Ce sont des pratiques qu'il faut replacer dans le contexte de la spiritualité de l'époque.

Dans sa relation aux autres, le curé d'Ars a connu et accepté humblement et avec amour la croix qui venait d'abord de certains de ses confrères qui, jaloux de son succès pastoral, le taxaient soit d'ignorance, soit de laxisme, soit de rigorisme janséniste, et écrivaient contre lui des lettres de dénonciation à l'évêque. « *Des dénonciations, il y en a haut comme ça sur moi à l'évêché !* »[36], disait-il, sans rien dramatiser. Il accueillait ces accusations et critiques avec humilité, en reconnaissant qu'elles étaient peut-être bien fondées ; mais elles ne troublaient pas sa paix intérieure. La croix venait aussi de certains de ses paroissiens qui lui opposèrent de vives résistances quand il entreprit la transformation des mentalités et des mœurs. Certains jeunes du village acceptaient mal en effet la suppression des danses et la rigueur du curé. Ils rallièrent le clan des mécontents. Jean-Marie Vianney devint la cible de tous les excités. Ils s'en prirent à lui avec une violence inouïe. On poussait des cris sous ses fenêtres. On affichait à sa porte des placards injurieux. Il fut même une fois giflé. On alla

---

[36] André DUPLEIX, *Comme insiste l'amour*, p. 305.

jusqu'à l'attaquer dans ses mœurs. On profita de l'intérêt qu'il portait à l'école des filles pour salir ses intentions. « *Je pensais,* confia-t-il, *qu'il viendrait un temps où je serais chassé d'Ars à coups de bâton, où Monseigneur m'interdirait et où je finirais mes jours en prison* »[37]. Sa réaction était de multiplier les prévenances et la générosité envers ceux qui l'attaquaient.

Il y a un autre type de croix qu'il acceptait de porter volontiers, celle faite des péchés et des souffrances des pécheurs. Par ses mortifications, il voulait être pasteur de la miséricorde. Comme prêtre, il avait perçu qu'il devait entrer dans ce mouvement de don total, d'identification au Christ qui se donne complètement sur la croix. Ses pénitences, malgré les excès de sa jeunesse qu'il reconnaitra bien volontiers plus tard, n'eurent jamais un côté morbide ou ostentatoire. Tout est donné, offert, et tout prend sens puisque le Curé d'Ars unissait toujours tout à la passion du Christ. Il développait ce que l'on pourrait appeler une spiritualité de "substitution" : je souffre pour vous et avec vous, de ce que vous ne voulez pas ou ne savez pas souffrir : « *Ah mon Dieu !* –priait-il– *faites-moi la grâce de souffrir en vous aimant, de vous aimer en souffrant* ». Il était prêt à souffrir tout

---

[37] *Ibid.,* p. 306.

le temps de sa vie, pourvu que les pécheurs se convertissent.

On n'insistera pas ici sur les phénomènes extraordinaires qu'il vécut dans sa lutte contre le Malin ou le Diable qu'il appelait avec humour le Grappin, du nom de ce crochet de fer utilisé par les paysans. En réalité, la plus grande épreuve de la vie du curé d'Ars était plutôt intérieure. Elle nous est révélée dans cette confidence faite à son évêque qui lui demandait s'il n'éprouvait pas parfois un sentiment d'orgueil : *« Ne me dites pas cela, Monseigneur, j'ai plutôt à me défendre contre le désespoir »*[38]. Ni les critiques de certains de ses confrères, ni les injures lancées contre lui par les mécontents et les rebelles, ni les soucis financiers pour la Providence, ni les désagréments venant de son vicaire, l'abbé Raymond, ni le vacarme fait par le Grappin n'ont été pour lui cause d'une souffrance comparable à cette redoutable épreuve intérieure : il avait une conscience tellement aiguë de ses faiblesses et de ses péchés qu'il désespérait de pouvoir être sauvé. C'est pourquoi à plusieurs reprises et avec insistance, mais sans succès, il demanda à son évêque d'être déchargé de sa responsabilité de curé pour se retirer dans la solitude et se préparer à la mort en

---

[38] B. NODET, *Op. cit.*, p. 41.

pleurant ses péchés. Cette angoisse de la damnation lui venait sans doute de la spiritualité de son époque fortement influencée par le jansénisme. Bien entendu, ces traits de sa personnalité ne peuvent être proposés en exemple aux prêtres d'aujourd'hui.

Notre mission est une mission d'amour, car seul l'amour sauve. Elle ne consiste pas à nous sauver, mais à travailler en union avec le Christ au salut de tous. C'est à cette condition que nous serons sauvés, car, nous prévient Jésus, « qui veut sauver sa vie la perdra, mais celui qui perd sa vie à cause de moi la sauvera » (Lc 9,24). Dans un monde qui médiatise à l'excès la réussite personnelle, la recherche de soi, et qui valorise l'image extérieure et la recherche de la célébrité, le prêtre doit résolument s'engager à ramer à contre-courant, en témoignant d'une spiritualité de la gratuité, du sacrifice de soi, de la souffrance fécondée par l'amour et d'un joyeux détachement de soi et des biens de ce monde. Son secret reste la croix du Christ. C'est la source de la vraie sagesse et du véritable bonheur.

Chapitre 6

La pratique des conseils évangéliques d'obéissance, de pauvreté et de chasteté

« Si tu veux être parfait, si tu veux connaitre le bonheur, si tu veux travailler au bonheur ou au salut des autres, observe mes commandements, va, vends tout ce que tu possèdes et donne-le aux pauvres. Si tu veux être libre à l'égard de tous et disponible pour servir les autres, alors choisis de vivre chaste dans le célibat en vue du Royaume ». Ces conseils, qui sont des paraphrases de quelques passages d'Évangile, résonnent comme une invitation adressée par Jésus à tous ceux et celles qu'il appelle à le suivre et à l'imiter. Ces conseils sont, au fond, les conditions du véritable bonheur pour ceux et celles que Jésus désire configurer existentiellement à lui. Le bonheur, par définition, ne s'impose pas à la liberté humaine, car celle-ci doit être considérée comme l'un de ses éléments constitutifs. Les conseils évangéliques sont donc proposés à la liberté de chaque disciple du Christ. Parmi eux, ceux de l'obéissance, de la pauvreté et de la chasteté sont en bonne place. Ils résument en effet les conditions essentielles du bonheur pour les disciples de Jésus et sont proposés en particulier aux prêtres et aux personnes consacrées dont la vocation est de devenir saints en aidant les autres à réaliser leur vocation à la sainteté et au bonheur. Dans cette logique, les conseils évangéliques doivent être compris comme autant de déclinaisons de l'amour chrétien dans sa radicalité, c'est-à-dire comme des attributs essentiels de l'amour chrétien. En effet, puisque l'amour vient de Dieu, il est à la fois communion dans l'obéissance, libéralité dans la pauvreté et liberté dans la chasteté. Par conséquent, si l'obéissance n'est pas vécue dans l'amour, si elle est motivée par la crainte, par l'intérêt ou par la contrainte, elle n'est pas évangélique. De même, si la pauvreté n'est pas vécue dans l'amour, elle donne lieu au ressentiment, à la cupidité, à l'envie, à des pratiques malhonnêtes motivées par la volonté de s'enrichir. Si enfin la chasteté n'est pas vécue dans l'amour, le célibat du prêtre devient une contrainte subie sans joie, une discipline vécue dans la frustration ou dans un mouvement souvent subtil de repli sur soi, voire d'égoïsme.

En tant qu'expressions de l'amour chrétien, les conseils évangéliques s'impliquent réciproquement. Ils se tiennent inséparablement dans une relation systémique. Sans chercher à les hiérarchiser, on pourrait cependant les définir selon une relation d'implication : l'obéissance implique la pauvreté qui, à son tour, implique la chasteté. C'est l'exemple du Christ qui nous inspire d'établir cette relation d'implication. Selon le témoignage de l'auteur de la lettre aux Hébreux, le Christ, en entrant dans le monde dit : « Tu n'as pas voulu ni sacrifice ni oblation, mais tu m'as façonné un corps. Tu n'as agréé ni holocaustes ni sacrifices pour les péchés. Alors, j'ai dit : Voici je viens, car c'est de moi qu'il est question dans le rouleau du livre, pour faire, ô Dieu, ta volonté » (He 10, 5-7). En vertu de son incarnation, le Christ s'engage à accomplir, dans la condition humaine, la volonté de son Père pour qui l'obéissance vaut mieux que les sacrifices et les holocaustes, puisque l'obéissance est sacrifice et offrande, non pas de biens extérieurs, mais de sa propre volonté et de son corps pour être totalement à Dieu. Au désert où il se prépare à sa mission, Jésus réaffirme, au moment de la tentation, le principe qui guidera sa vie : « l'homme ne vit pas seulement de pain, mais de toute parole qui sort de la bouche de Dieu » (Mt 4, 4). Plus tard, dans la fidélité à ce principe, il déclarera : « ma nourriture c'est de faire la volonté de celui qui m'a envoyé » (Jn 4,34). L'obéissance par amour à la volonté du Père est l'attitude fondamentale qui comporte et implique pour Jésus le renoncement à faire sa volonté, le renoncement au rang qui l'égalait à Dieu, le renoncement à sa vie pour le salut du monde. Ces renoncements le placent dans une condition de pauvreté radicale, car il n'y a pas plus pauvre que celui qui a renoncé à sa volonté pour faire la volonté humanisante et sanctifiante d'un autre qui, en l'occurrence, est Dieu le Père.

D'où il faut comprendre que la véritable pauvreté est d'abord renoncement aux biens de l'esprit et au bien qu'est notre esprit ou notre volonté, avant d'être renoncement aux biens matériels. C'est dans cette logique que saint Paul affirme : « Vous connaissez, en effet la libéralité de notre Seigneur Jésus Christ, qui pour vous s'est fait pauvre, de riche qu'il était, pour vous enrichir par sa pauvreté. » (2 Co 8,9). L'obéissance du Fils rend possible son incarnation dans le monde et son incarnation révèle sa pauvreté. Dans son devenir homme, il s'est dépouillé de sa condition divine dont il était riche. En se donnant à son Père dans le dépouillement total, il nous enrichit par sa pauvreté.

Non seulement il a renoncé à posséder des biens matériels, mais il a également renoncé à se posséder lui-même et à posséder les autres pour s'en servir. C'est en quoi consiste la chasteté dont il témoigne éminemment. La chasteté se présente donc comme une forme radicale de pauvreté. Ceux qui veulent imiter le Christ sont appelés à entrer dans ce mouvement de renoncement à soi, de dépouillement de soi pour ne vivre que pour Dieu. C'est le secret de la véritable liberté et de la véritable joie. Quand il nous arrive de ne plus éprouver profondément la joie et la liberté dans notre engagement à vivre les conseils évangéliques, il y a lieu de vérifier si nous les vivons comme expression de l'amour évangélique dans sa radicalité et dans son universalité. Jésus et, à sa suite, les saints ont témoigné par leur vie de cette liberté et de cette joie évangéliques qui naissent et s'épanouissent grâce à la pratique des conseils évangéliques d'obéissance, de pauvreté et de chasteté.

« Le curé d'Ars, souligne le pape Benoît XVI dans sa lettre d'indiction pour l'année sacerdotale, sut vivre les "conseils évangéliques" selon des modalités adaptées à sa condition de prêtre ». Son témoignage héroïque des conseils évangéliques nous inspire et nous stimule encore aujourd'hui. En découvrant comment il a vécu concrètement l'obéissance, la pauvreté et chasteté dans la fidélité, nous voulons plus profondément découvrir le secret de cette fidélité, pour mieux nous conformer aux exigences de notre vocation.

1. Le saint Curé d'Ars, modèle d'obéissance humble

Par son éducation, Jean-Marie a appris l'obéissance filiale. Sans doute cette vertu acquise dans l'enfance renforça plus tard sa volonté de s'en remettre toujours à la volonté de Dieu. Comme prêtre, il témoigna par sa vie qu'« *il n'y a pas deux bonnes manières de servir Notre Seigneur, il n'y en a qu'une, c'est de le servir comme il veut être servi* ». Il lui semblait, écrit le pape Benoît XVI dans sa lettre d'indiction pour l'année sacerdotale, que la règle d'or pour une vie d'obéissance fut celle-ci : « Ne faire que ce que l'on peut offrir au Bon Dieu ». Son goût monastique pour la solitude et la conscience très aiguë de son indignité lui donnaient le sentiment de n'être pas fait pour assumer la charge de curé dont il sentait tout le poids peser sur ses épaules. Mais la volonté de Dieu exprimée et interprétée par son évêque allait contre ce gout de la solitude, et Jean-Marie Vianney dut comprendre que Dieu désirait se servir de lui comme d'un instrument faible et sans valeur pour accorder le salut à son peuple. Avec l'humilité qui le caractérisait, il disait en effet : « *Le Bon Dieu m'a choisi pour être l'instrument des grâces qu'il fait aux pécheurs, parce que je suis le plus ignorant et le plus misérable de tous les prêtres. S'il y avait eu, dans le diocèse, un prêtre plus ignorant et plus misérable que moi, Dieu l'aurait pris de préférence* »[39]. Pour le saint Curé d'Ars, l'obéissance à la volonté de Dieu se traduisait par l'obéissance aux supérieurs hiérarchiques, car il croyait fermement en cette parole de Jésus : « Qui vous écoute m'écoute » (Lc 10,16). Pour lui, la fidélité rigoureuse à la promesse faite au jour de l'ordination sacerdotale d'obéir à ses supérieurs hiérarchiques l'engagea à vivre dans un renoncement permanent pendant quarante ans, puisque l'évêque ne voulut pas exaucer son désir d'être déchargé de la charge de curé. Même quand il tentera à plusieurs reprises de s'y dérober, ce ne sera jamais par désobéissance, mais parce qu'il se sentait plutôt dominé par un fort sentiment d'indignité. Le récit des trois fugues les plus connues du Curé d'Ars en témoigne éloquemment.

La première tentative se situe en 1840, donc après vingt-cinq ans de ministère ; le fugitif ne dépassa pas

---

[39] B. NODET, *Op. cit.,* p. 207.

la croix des Combes, non loin d'Ars, et revint de lui-même à la cure ; la deuxième, trois ans plus tard, n'est pas une « fuite » au sens strict du mot : après sa grave maladie de 1843, il se rendit à Dardilly, chez son frère, pour quelques jours de repos ; mais en même temps il envoyait une lettre à Mgr Dévie, son évêque, pour demander d'être libéré de la charge de curé à Ars, et d'être affecté dans une chapelle en bordure de Saône, Notre Dame des Minimes. L'évêque lui exprima dans sa réponse son souhait de le voir retourner à Ars, tout en lui proposant trois autres chapelles du diocèse où il pourrait éventuellement être affecté. L'abbé Vianney alla visiter l'une de ces chapelles, puis après y avoir célébré l'eucharistie et prié, déclara au prêtre qui l'accompagnait, l'abbé Raymond, son futur vicaire : « *Le Bon Dieu ne me veut pas ici, retournons à Ars* ». La paroisse, vidée de ses pèlerins, était dans la consternation depuis six jours, quand les deux cloches annoncèrent la nouvelle : « le Curé revient ! » Son accueil donna lieu à une véritable fête dans le village.

« Tout le monde courait, raconte Catherine Lassagne, les ouvriers quittaient leur travail, les batteurs de blé quittaient leur battoir pour venir le voir. Dans un moment, la place fut remplie de ses paroissiens qui ne savaient exprimer leur joie que par des larmes d'attendrissement. Ils ne disaient point de paroles, ils se jetaient tous à genou devant leur pasteur pour recevoir sa bénédiction. Il fit le tour de la place étant soutenu du bras de M. Raymond, en donnant des bénédictions comme un évêque. Il souriait, il avait l'air heureux. Il disait : 'C'était donc tout perdu ! Eh bien, tout est retrouvé !' »[40]

Quand, quelques années plus tard, l'évêque décida de donner un nouveau vicaire au curé d'Ars, en remplacement de l'abbé Raymond, Jean-Marie Vianney y vit une occasion pour être relevé de sa charge. La nuit qui suivit l'arrivée du nouveau vicaire, M. Toccanier, Jean-Marie Vianney tenta de fuir sa paroisse en pleine nuit. Il avait déjà écrit à son évêque. C'était le 5 septembre 1853, treize ans après le départ pour Dardilly. Mais quelques proches firent au courant. Ils tentèrent d'arrêter le curé. Le Frère Athanase, de la Sainte Famille et directeur de l'école, fit sonner le tocsin, cette sonnerie de cloche prolongée annonciatrice d'événements graves. Les habitants arrivèrent de tous les côtés.

« Ne sachant ce que c'était, ils avaient apporté, les uns des seaux, les autres des fourches, de gros bâtons… 'Monsieur Vianney, après avoir trouvé son

---

[40] Mgr René FOURREY, *Op. cit.*, p. 225.

bréviaire qu'il était revenu chercher à la cure, descendit dans la cour. Et tous les hommes qui la remplissaient, M. le maire en tête, le suppliaient de ne pas les quitter. Les femmes étaient à l'église et faisaient de ferventes prières pour que Dieu changeât les intentions de son serviteur. M. Vianney allait tantôt à une porte, tantôt à l'autre, sans se fâcher, en disant seulement : 'Laissez-moi passer'. J'ai cru comprendre, disait Catherine Lassagne, au son de sa voix, qu'il pleurait »[41]. Enfin vaincu, il rentra à l'église. « Là, il passa bien des minutes à genoux devant le Saint-Sacrement, puis il se remit à son confessionnal, comme à l'ordinaire »[42]. Le soir, quand ses proches lui rappelèrent ce qui s'était passé cette nuit-là et qu'on l'avait contrarié, il fit cette seule réponse : *'J'ai fait l'enfant'*[43].

Jean Marie Vianney avait finalement compris que sa fidélité à la volonté de Dieu devait s'exprimer dans l'acceptation de la lourde charge de son ministère ordonné au salut de ses paroissiens et des pèlerins. Son obéissance fut d'autant plus admirable qu'il dut lutter contre sa volonté propre qui répugnait à accepter volontiers la charge de curé. On peut dire

---

[41] *Ibid.*, p. 327-328.
[42] *Ibid.*, p. 328.
[43] *Ibid.*, p. 328.

que la sainteté de sa vie et la fécondité de son ministère ont pour base cette obéissance amoureuse et constante à la volonté de Dieu.

En somme, l'obéissance de Jean-Marie Vianney à la volonté de Dieu se traduisait par l'obéissance à son évêque, le dévouement total à sa charge de curé, l'acceptation confiante des souffrances inhérentes à l'exercice de son ministère, la collaboration avec ses vicaires et les fidèles engagés dans la mission, et l'attention accordée aux besoins les plus profonds de ses paroissiens, le tout dans un esprit de pauvreté et de chasteté. Pour imiter l'exemple d'obéissance du curé d'Ars, il nous faut prendre en considération ces six composantes sans lesquelles on ne peut parler d'obéissance évangélique.

La composante fondamentale, c'est-à-dire l'obéissance au supérieur hiérarchique, ne peut être bien vécue que dans une vision de foi et dans l'humilité. La question qui se pose souvent concernant l'obéissance est celle-ci : doit-on toujours obéir aux supérieurs hiérarchiques ? Dans certains cas, leurs décisions peuvent être perçues comme arbitraires, car elles ne semblent pas toujours tenir compte des compétences, des charismes, des vœux, mais aussi des craintes et des difficultés personnelles du prêtre. Dans ces cas, faut-il obéir ? Certes oui, car même si dans certains cas la charge n'est pas confiée en fonction du charisme ou de la compétence ou en fonction de critères objectifs, son acceptation dans la foi et l'humilité et son exercice dans la charité et la sérénité sont toujours source de fécondité évangélique. Dans d'autres cas, la décision de l'évêque ou du supérieur hiérarchique peut être perçue à tort ou à raison comme une punition ou comme l'expression d'un abus d'autorité. Même dans ces cas, le prêtre doit obéir dans un esprit de foi, d'humilité et d'amour, car en obéissant il se sanctifie lui-même et il rend un précieux service à l'évêque ou au supérieur hiérarchique qui peut ainsi prendre conscience de l'écart qu'il y aurait entre sa décision et la volonté de Dieu, dont nous avons souvent une meilleure compréhension au fur et à mesure que passe le temps et que se déroule l'histoire. Il n'est pas scandaleux de constater que l'évêque ou le supérieur hiérarchique ne possède pas le charisme de l'infaillibilité. En revanche, ce serait scandaleux que l'évêque ou le supérieur hiérarchique impose de lourds fardeaux aux autres, alors que lui-même ne les remue pas d'un seul doigt. L'obéissance est plus facile quand celui qui exerce l'autorité s'efforce lui-même de conformer sa vie à l'Évangile, car, comme l'affirme Pierre Chrysologue, « celui qui fait ce qu'il enseigne rend obéissant celui qui écoute » (*Sermons 167*). Cependant, même dans le cas où celui qui exerce légitimement l'autorité ne mènerait pas une vie en cohérence avec l'Évangile, le prêtre doit continuer à lui obéir, après avoir donné son humble avis, aussi longtemps que son obéissance ne le met pas en contradiction évidente avec la foi et les valeurs évangéliques. On ne peut pas ignorer aujourd'hui que l'adhésion à une certaine culture de l'obéissance et du silence a malheureusement conduit des croyants à commettre les pires crimes dans l'histoire de l'humanité. On doit se réjouir que la liberté de conscience soit devenue dans l'Église un droit fondamental inviolable et un principe d'action pastorale. Ce droit implique pour chacun le devoir d'obéir à sa conscience, ce qui ne le dispense jamais cependant de l'éclairer et de l'affiner pour la rendre toujours plus sensible au bien et plus réceptive à la volonté de Dieu.

La deuxième composante de l'obéissance est le dévouement humble et total dans l'accomplissement du ministère qui nous est confié. L'acceptation des nominations et des décisions du supérieur hiérarchique n'est pas une preuve suffisante de l'obéissance parfaite. Encore faut-il accomplir avec conscience professionnelle, dévouement et générosité la mission reçue. L'obéissance doit nous conduire à nous sanctifier dans l'accomplissement de notre ministère et à contribuer à la sanctification de ceux et celles dont nous avons la charge pastorale.

L'acceptation confiante des souffrances et des épreuves inhérentes à l'exercice de notre ministère est la troisième composante de l'obéissance. Le prêtre n'obéit pas parfaitement s'il choisit toujours d'accomplir le ministère qui lui coûte le moins d'effort, lui donne le plus de gratification personnelle, suscite l'admiration ou lui procure des avantages matériels et/ou la reconnaissance sociale. Il n'obéit pas parfaitement s'il se plaint à la moindre difficulté ou à la moindre incompréhension, et s'il se désole de ne pas constater les fruits escomptés de son ministère. L'obéissance parfaite nous fait toujours embrasser la croix dans sa mystérieuse fécondité.

La collaboration avec les confrères est la quatrième composante de l'obéissance parfaite. Celui qui agit seul, en dehors de la communion et de l'esprit de collaboration avec ses confrères, ne peut pas prétendre obéir parfaitement, car la communion fraternelle et la collaboration sont le premier lieu de témoignage de l'accueil et de l'annonce de l'Évangile. Rien ne peut nous dispenser de collaborer avec les autres, ni nos charismes, ni nos qualités extraordinaires, ni les défauts, ni l'inexpérience des confrères ou des autres collaborateurs. La mission est une œuvre commune que le Christ a confiée à ses disciples non individuellement, mais comme communauté de croyants. Le prêtre ne peut pas prétendre construire la communauté ecclésiale alors que dans le même temps il refuse de faire communauté avec ses confrères et de cultiver l'esprit de collaboration. L'obéissance à l'esprit du Christ et la fidélité à la vraie vision de l'Église doivent nous confirmer dans la conviction que la communion est plus importante que l'action, la collaboration plus importante que le travail réalisé en solitaire, fut-ce de façon parfaite et efficace.

La cinquième composante de l'obéissance est la disponibilité au souffle de l'Esprit qui parle à la base et à la périphérie de la communauté, c'est-à-dire l'écoute attentive des attentes exprimées par les fidèles. L'obéissance à la volonté de Dieu implique la fidélité à la voix de l'Esprit qui parle non seulement d'en haut, c'est-à-dire par la hiérarchie de l'Église, mais aussi d'en bas, c'est-à-dire par la voix du peuple. L'écoute obéissante de l'Esprit qui parle dans et par le peuple nous entraîne à témoigner d'une charité inventive qui sache encourager toutes les initiatives que développent les communautés de base pour mieux témoigner de la foi. Elle est la condition pour bien discerner les charismes et en permettre la pleine expression chez les fidèles qui, de cette manière, développent de nouvelles manières d'exprimer, de célébrer et d'annoncer la foi.

Enfin, la dernière composante de l'obéissance parfaite, c'est la fidélité à l'esprit de pauvreté et de chasteté dans le célibat, car le prêtre ne peut parfaitement obéir à la volonté de Dieu s'il ne donne pas un témoignage édifiant de pauvreté et de chasteté évangéliques. C'est ce que je tenterai de développer dans les deux sections suivantes.

2. L'exemple de pauvreté de l'humble Curé d'Ars

Dans son encyclique *Sacerdotii nostri primordia* (n° 243-248), le pape Jean XXIII présente le Curé d'Ars comme un « digne émule de saint François d'Assise, dont il fut dans le Tiers-Ordre un disciple fidèle. Riche pour donner aux autres, mais pauvre pour lui-même, il vécut dans un total détachement des biens de ce monde, et son cœur vraiment libre s'ouvrait largement à toutes les misères matérielles et spirituelles qui affluaient vers lui. "Mon secret est bien simple, disait-il, c'est de tout donner et de ne rien garder". Son désintéressement le rendait attentif aux pauvres, à ceux de sa paroisse surtout, envers qui il témoignait d'une extrême délicatesse, les traitant "avec une véritable tendresse, avec beaucoup d'égards, on peut dire, avec respect". À la fin de sa vie, il aimait répéter : "je suis très content, je n'ai plus rien, le Bon Dieu peut m'appeler quand il voudra"». Le pape Jean XXIII résume admirablement ainsi le témoignage de pauvreté évangélique que donna Saint Jean-Marie Vianney à la suite du Christ pauvre et de saint François d'Assise. Dans la lettre d'indiction pour l'année sacerdotale, le pape Benoît XVI souligne certains aspects de la pauvreté du Curé d'Ars qui fut celle d'un prêtre diocésain : « tout en gérant de grosses sommes d'argent (puisque les pèlerins les plus riches ne manquaient pas de s'intéresser à ses œuvres de charité), il savait que tout était donné pour son église, pour les pauvres, pour ses orphelins et pour les enfants de sa "Providence", et pour les familles les plus nécessiteuses ».

L'exemple du Curé d'Ars dans son imitation du Christ pauvre nous inspire de décliner la pauvreté évangélique en quatre composantes essentielles qui constituent une sorte de carré d'or de la pauvreté parfaite : le don total de soi dans l'accomplissement du ministère, le partage généreux avec tous, en particulier avec les pauvres, la pratique de l'ascèse et du renoncement, et l'abandon à la providence divine. Là où ces quatre composantes sont réunies, il y a le témoignage d'une vraie pauvreté évangélique qui combat la misère et préserve le prêtre de tout excès ou abus. Reprenons ces quatre composantes essentielles en partant de l'exemple du Curé d'Ars.

2.1. Le don total de soi dans l'exercice du ministère

Le Curé d'Ars a donné le témoignage d'un prêtre entièrement consacré à sa mission. Il fut un pasteur infatigable, attentif et présent à tous, fidèle à son devoir d'État, passionné pour le salut de ses paroissiens et du plus grand nombre. Tout ce qu'il entreprenait était ordonné au bonheur et au salut des fidèles. On n'insistera pas assez sur la générosité et le dévouement total avec lesquels le Curé d'Ars se donnait à sa tâche pastorale, sans chercher à se ménager ou à obtenir des assurances sociales ou matérielles. Pouvons-nous en dire autant de notre engagement dans le ministère ? La préoccupation pour la survie et les initiatives pour nous assurer une certaine autonomie financière et matérielle n'ont-elles pas pris le dessus sur ce qui devrait être la priorité des priorités, c'est-à-dire l'annonce du Règne de Dieu ? À ce propos, il est bon d'entendre de nouveau cette recommandation et cette promesse du Christ : « Cherchez d'abord le Royaume de Dieu et sa justice et le reste vous sera donné par surcroit » (Mt 6,33). Il ne dit pas : « Cherchez d'abord le

Royaume de Dieu, alors vous pourrez disposer du reste de votre temps pour la recherche de ce qui vous est nécessaire pour vivre ». Avons-nous suffisamment confiance en la providence divine ? Croyons-nous, comme nous le promet Jésus, que l'ouvrier mérite son salaire ? Nous avons le devoir de nous donner entièrement à notre mission et non celui de chercher à savoir s'il y aura le salaire et d'où il viendra. Se préoccuper de ces questions, c'est ne pas avoir suffisamment confiance, c'est rester dans la logique purement humaine de la production des biens. Notre tâche pastorale n'est pas ordonnée à produire *directement* des biens matériels et financiers, mais elle les produit *indirectement* si elle produit les biens spirituels pour le peuple qui, s'il est profondément évangélisé, ne manque pas de générosité envers ses pasteurs. C'est ce que le Curé d'Ars s'employa à faire et il ne manqua jamais du nécessaire.

2.2. Le partage généreux avec les nécessiteux

Saint Jean-Marie Vianney s'est totalement donné à sa mission pastorale par son dévouement et sa sollicitude pastorale. Mais il savait également donner généreusement ce qu'il possédait. C'est la deuxième composante de la pauvreté. Le pauvre de cœur selon l'Évangile n'est pas celui qui n'a rien, mais c'est celui qui donne tout et qui attend tout de Dieu. Le curé d'Ars ne gardait rien pour lui, il partageait tout. Comment pouvait-il vouloir posséder pour lui-même, lui qui n'existait pas pour lui-même, mais qui vivait uniquement pour le Christ et pour ceux et celles que Dieu lui avait confiés ? Je ne reviens pas sur les exemples de générosité que j'ai donnés en développant le thème de l'amour du prochain. Le Curé d'Ars pratiquait le partage avec tous ceux qui étaient dans le besoin et il enseignait à ses paroissiens, par l'exemple et par la parole, qu'on ne peut pas vivre authentiquement la religion chrétienne si l'on est indifférent à la misère des pauvres, si l'on ne fait rien pour soulager leur misère et les accueillir comme Dieu lui-même. Bien que sa grande dévotion pour l'adoration eucharistique fût de notoriété publique, Jean-Marie Vianney était assez vigilant pour dénoncer les cas où cette dévotion pourrait masquer chez des fidèles une certaine indifférence au sort des pauvres et des nécessiteux. Il leur disait en effet: « *Vous avez envie de prier le Bon Dieu, de passer votre journée à l'église. Mais vous songez qu'il serait bien utile de travailler pour quelques pauvres que vous connaissez et qui sont dans une grande nécessité : cela est bien plus agréable à Dieu que votre journée passée au pied des saints Tabernacles* »[44].

---

[44] Bernard NODET, *Jean-Marie Vianney, Curé d'Ars. Sa*

Le Curé d'Ars pouvait inviter ses paroissiens au partage avec les pauvres parce que lui-même partageait tout avec les pauvres et vivait leur condition de pauvreté. Comme pasteurs, pouvons-nous inviter les fidèles à la solidarité et au partage avec les plus démunis, si nous-mêmes nous ne donnons pas l'exemple ? Le partage et la solidarité doivent d'abord être vécus entre nous prêtres afin que nul d'entre nous ne soit dans le besoin. Pouvons-nous nous vanter d'avoir réduit, grâce au partage et à la solidarité, les inégalités sociales qui existent naturellement entre nous ? Le monde des prêtres n'est-il pas l'exacte réplique de notre société où l'écart entre les pauvres et les riches grandit de jour en jour ? Des étudiants au Maroc me demandaient, scandalisés : 'Pourquoi y a-t-il des prêtres riches qui possèdent presque tout, tandis que d'autres sont pauvres et manquent souvent du nécessaire ?' Il n'est pas question, en guise de réponse à cette question fort embarrassante, d'invoquer le mérite pour justifier la différence de revenus entre les prêtres, car tous les ministères exercés par les prêtres se valent en principe. « Qu'as-tu que tu n'aies reçu ? », interroge d'ailleurs saint Paul (1 Co. 4, 6). Quel prêtre peut-il se targuer de mériter ce qu'il possède et revendiquer le

---

pensée, son cœur, Paris, Cerf, 2009, p. 217.

droit d'en disposer comme bon lui semble ? Nous avons reçu gratuitement pour donner gratuitement. Tout ce que nous recevons, nous le recevons en tant que prêtres et donc nous devons en faire une gestion pastorale pour qu'il soit au service de notre ministère et au service de tous. Le Curé d'Ars a souvent reçu des biens et de l'argent qui lui étaient destinés personnellement, mais il l'a toujours mis au service de la paroisse et des nécessiteux. Si nous étions plus attentifs aux nécessités des confrères au sein de la fraternité sacerdotale, nous ne donnerions pas l'impression que parmi les prêtres les maximes en vigueur sont celles du « sauve qui peut » et du « chacun pour soi, le diocèse pour tous ». La pauvreté évangélique nous présente donc comme exigence fondamentale le partage et la solidarité entre nous.

Bien sûr, cela ne nous dispense pas de les exercer envers les nécessiteux de nos communautés chrétiennes et de la société. Là encore, la motivation doit être exclusivement celle de la charité évangélique et non la recherche de quelque avantage personnel. On peut en effet céder à la tentation d'appliquer le principe du « *do ut des* » que Jésus dénonce dans l'Évangile (cf. Mt 5,46-47). On ne vit pas l'esprit de pauvreté si l'on donne en escomptant un intérêt d'ordre matériel, social, relationnel ou affectif. Jésus nous commande de donner sans attendre de récompense : « Que ta main gauche ignore ce que donne ta main droite » (Mt 6,3).

2.3 Le témoignage d'une vie d'ascèse et de détachement

Il est bien connu que le Curé d'Ars a mené une vie très austère. C'est peu dire qu'il vivait du nécessaire. Dans l'indigence comme dans l'abondance, il restait égal à lui-même, détaché de tout, ne voulant rien posséder. Tout ce qu'il recevait – et il recevait souvent de très grosses sommes offertes par les riches pèlerins pour soutenir ses œuvres sociales – il le gérait comme le dépôt de Dieu. Il se définissait d'ailleurs comme l'avare de Dieu. Il n'était pas question de faire des dépenses superflues. Il évitait toute forme de gaspillage. Quand on lui demandait comment il faisait pour avoir tant d'argent, il répondait : « *Mon secret est bien simple, c'est de tout donner et de ne rien garder* »[45]. Il vivait sobrement et donnait tout à ceux qui étaient dans le besoin.

Aujourd'hui, nous pouvons imiter l'exemple de vie ascétique et de détachement en le traduisant en termes de sobriété et de gestion rigoureuse et transparente des ressources personnelles et

---

[45] *Ibid.*, p. 220.

communautaires. La sobriété devrait être de rigueur dans les dépenses personnelles et communautaires et dans la consommation des biens. Elle devrait être également de rigueur dans l'habillement, dans le choix des équipements de bureau, des meubles de chambre, dans l'achat des véhicules et d'autres moyens au service de notre apostolat. Bien sûr, le rapport qualité-prix doit toujours déterminer les options d'achat que nous pouvons faire. Le goût prononcé pour le luxe, les articles de haut de gamme, les marques les plus prestigieuses de voiture, de téléphone, les mets les plus somptueux, etc., est incompatible avec l'esprit de sobriété dont doit témoigner le prêtre, s'il veut suivre le conseil évangélique de pauvreté.

De même, l'exigence de bonne gestion et de transparence n'est pas une simple exigence de gestion comptable, mais une exigence évangélique de pauvreté. L'Évangile contient de nombreuses paraboles où Jésus dénonce la mauvaise gestion des serviteurs ou intendants à qui la gestion des biens d'autrui à été confiée. Les biens que nous avons – qu'ils soient individuels ou communautaires – ne nous appartiennent pas. Ils nous ont été confiés par Dieu à travers la paroisse, le diocèse, la communauté, les bienfaiteurs ou les parents, pour que nous en fassions une bonne gestion au service de notre ministère et de la charité pastorale. Les gaspiller ou les détourner à des fins égoïstes constitue à la fois un manquement grave à la charité et une infidélité à l'esprit de pauvreté évangélique. Il n'est pas étonnant que là où les prêtres se rendent coupables de gaspillage ou de mauvaise gestion dans l'usage tant des biens privés que du bien commun, il devienne difficile, voire impossible, de susciter la générosité des fidèles et leur engagement gratuit au service de la communauté. Notre mauvaise gestion et notre manque de sobriété peuvent ainsi fermer la porte de la providence divine qui ne se manifeste en surabondance que là où sont réunies les trois autres composantes de la pauvreté, à savoir, le don total du prêtre à sa tâche pastorale, sa générosité dans le partage avec les plus nécessiteux, la sobriété et la gestion rigoureuse et transparente dont il témoigne dans son rapport à l'argent et aux biens matériels.

2.4. L'abandon à la providence divine

C'est la quatrième composante de la pauvreté évangélique. Elle est développée en dernier lieu parce que la providence divine vient comme une réponse au don de soi et au don de ce qu'on possède dans un esprit de partage, de sobriété et de détachement. Mais en réalité, l'abandon à la providence divine est un élément constitutif de la foi en l'amour de Dieu, dont nous avons traité dans la première méditation. Si le prêtre a véritablement fait l'expérience de l'amour de Dieu, il n'a pas peine à comprendre que c'est un amour provident auquel il doit s'abandonner totalement dans une confiance filiale. Sans cette foi en la providence divine, il n'est pas possible de se donner totalement au travail pastoral qui, par nature, ne produit pas de biens matériels ni de ressources financières. Sans cette foi, il est impossible de partager tout ce qu'on possède avec les pauvres, car on ne pourrait s'empêcher de faire le raisonnement suivant : 'mais si je donne tout, de quoi vivrai-je, moi, demain ?' Enfin, sans cette foi en la providence divine, il est absurde de nous priver de ce que nous avons les moyens d'acquérir, et de ne pas profiter au maximum des opportunités qui se présentent à nous pour assurer notre avenir sur le plan financier et matériel.

La foi du Curé d'Ars dans la providence divine devrait nous inspirer et nous encourager à renoncer à nos calculs humains pour faire acte d'abandon total à Dieu qui nous aime et nous donne ce dont nous avons besoin, à condition que nous ne comptions que sur lui. Pour le Curé d'Ars, la pauvreté évangélique dont il témoignait admirablement impliquait une confiance totale en Celui qui peut tout. En baptisant du nom de la Providence l'orphelinat qu'il avait fondé, il voulait ainsi exprimer sa foi totale et confiante en la providence divine. Il croyait en ce que Jésus avait dit de la providence divine : Ne vous préoccupez pas de ce que vous allez manger, de ce dont vous allez vous vêtir ; votre Père céleste y pourvoit. L'ouvrier mérite son salaire. Qui donne reçoit. Jean-Marie Vianney a fait l'expérience quotidienne de la vérité de ces paroles de Jésus. On raconte qu'il y avait des jours où à la Providence la nourriture était venue à manquer. Informé du manque, Jean-Marie Vianney faisait une prière avec les enfants et lorsqu'on allait ensuite inspecter les coffres de blé au grenier, surprise, ils regorgeaient, alors qu'ils étaient vides quelques instants avant. La foi en la providence divine fait des miracles, car à Dieu rien n'est impossible.

La foi du Curé d'Ars en la providence ne faisait pas de lui un doux rêveur ou un exalté. Il savait que la providence de Dieu se manifeste ordinairement par les médiations humaines, c'est-à-dire que Dieu a le pouvoir de susciter la générosité des personnes pour soulager la misère des pauvres ou aider à réaliser une œuvre ou encore soutenir la mission d'évangélisation. De même qu'il avait conscience d'être un instrument de la providence divine, de même il était convaincu qu'il devait inciter certains à devenir instruments de cette providence divine. Il était d'ailleurs assez habile pour le faire, comme en témoigne cet épisode que rapporte l'abbé Raymond : Une riche veuve lui demande un jour s'il a reçu la lettre par laquelle elle l'invitait à faire retirer 50 francs chez elle pour ses bonnes œuvres. Il répond : « *Oui, Madame, je l'ai reçue, mais alors un homme charitable versait dans mes mains une somme de 6000 francs pour contribuer à mon œuvre récemment entreprise, et cette grosse somme m'a fait oublier la vôtre*»[46]. Cette œuvre consistait en des fondations destinées à financer des missions décennales dans diverses paroisses. La riche veuve demanda quelle somme était nécessaire pour fonder une mission et le curé d'Ars lui répondit qu'il fallait 3000 francs. La riche veuve annonça qu'elle allait donner 5000 francs. « *Madame, je connais votre générosité*; déclara le curé d'Ars, *vous voudrez bien compléter la somme de 6000 francs pour fonder deux missions.* - Mon bon père, lui dit-elle, on ne peut rien vous refuser. Envoyez après-demain une personne sûre à laquelle je remettrai cette somme »[47]. Cette habilité et cette opiniâtreté du Curé d'Ars sont aussi à imiter en même temps que sa foi dans la providence divine.

---

[46] Mgr René FOURREY, *Le curé d'Ars authentique*, p. 306.
[47] *Ibid.*, p. 306.

3. Le saint Curé d'Ars, un homme chaste, au cœur pur

Pour montrer avec quel héroïsme le Curé d'Ars a témoigné de la chasteté dans sa vie de prêtre, il me plait de citer de nouveau le pape Jean XXIII dans son encyclique *Sacerdotii nostri primordia* (n° 149-153): « Saint Jean-Marie Vianney, pauvre dans ses biens, fut également mortifié en sa chair. "Il n'y a qu'une manière de se donner à Dieu dans l'exercice du renoncement et du sacrifice, disait-il, c'est de se donner tout entier". Et toute sa vie, il pratiqua, à un degré héroïque, l'ascèse de la chasteté. Son exemple sur ce point apparaît d'une particulière opportunité, car en bien des régions, hélas ! les prêtres sont tenus de vivre, en raison même de leur charge, dans un monde où règne une atmosphère d'excessive liberté et de sensualité. Et le mot de saint Thomas n'est pour eux que trop vrai : "Il est parfois plus difficile de vivre vertueusement en ayant charge d'âmes, à cause des dangers extérieurs". Souvent, au surplus, ils sont moralement seuls, peu compris, peu soutenus par les fidèles auxquels ils se dévouent. À tous, aux plus isolés et aux plus exposés surtout, Nous adressons ici un appel très pressant pour que leur vie entière soit un pur témoignage rendu à cette vertu que saint Pie X appelait "le plus bel ornement de notre état sacerdotal". Et Nous vous recommandons avec une vive insistance, Vénérables Frères, de procurer à vos prêtres, dans toute la mesure du possible, des conditions d'existence et de travail qui soutiennent leur générosité. Il faut à tout prix combattre les périls de l'isolement, dénoncer les imprudences, écarter les tentations de l'oisiveté ou les risques du surmenage (…) ».

« Cette ascèse nécessaire de la chasteté, loin de pousser le prêtre à se replier sur lui-même par stérile égoïsme, rend son cœur plus ouvert et plus disponible à tous les besoins de ses frères. "Lorsque le cœur est pur, disait magnifiquement le Curé d'Ars, il ne peut pas se défendre d'aimer, parce qu'il a retrouvé la source de l'amour qui est Dieu". Quel bienfait pour la société humaine d'avoir ainsi au milieu d'elle des hommes qui, libres des sollicitudes temporelles, se consacrent entièrement au service de Dieu et donnent à leurs frères leur vie, leurs pensées et leurs forces ! Quelle grâce pour l'Église que des prêtres fidèles à cette haute vertu ! »

Pour actualiser l'exemple de Jean-Marie Vianney, il peut être utile de montrer la relation qui existe entre la chasteté dans le célibat et le ministère sacerdotal. Ensuite, nous examinerons les conditions qui favorisent la pratique de la chasteté du prêtre et celles qui la rendent difficile et peuvent même en empêcher la pratique.

3.1. La chasteté dans le célibat, condition de fécondité et de sainteté du ministère du prêtre

La chasteté peut être définie négativement comme renoncement à disposer de soi ou d'un autre comme objet ou instrument de satisfaction de désirs égoïstes d'ordre affectif ou sexuel. Cette définition très large vaut à la fois pour les personnes engagées dans le mariage et pour celles engagées dans le célibat consacré. Positivement, la chasteté peut-être définie comme donation totale de soi à Dieu et à son Église (il s'agit ici du célibat consacré) ou comme donation totale de soi à son époux ou à son épouse, quand elle est vécue à l'intérieur du mariage. Cette définition positive suppose et requiert la définition négative. En d'autres termes, il ne peut y avoir de donation totale de soi là où il n'y a pas de renoncement à soi, à ses instincts de possession, de fusion avec l'autre qu'il faut considérer, non comme un objet de satisfaction, mais comme une fin en soi, une personne dont la dignité est inviolable.

Le prêtre est appelé à donner le témoignage de la chasteté dans le célibat en se donnant totalement à Dieu et à son Église dans le renoncement à soi. C'est ce témoignage que le Curé d'Ars a donné de façon éminente et héroïque. Il était totalement donné à Dieu, corps, cœur, âme et esprit. Il a été pur de cœur et d'esprit et chaste de corps et d'esprit. La chasteté brillait dans ses yeux qui étaient la fenêtre de son âme et de son cœur. Il n'a vécu que pour Dieu, il est resté libre à l'égard de tous et au service de tous. Il a témoigné par toute sa vie que Dieu lui suffisait. Fort de cela, il a pu dire avec l'humilité qui le caractérisait : « *Je n'ai jamais éprouvé les tentations de la chair; si je les avais éprouvées, je me serais servi de la discipline* »[48].

La fécondité de son ministère a été la conséquence de sa vie de chasteté, de renoncement total et de donation totale. Son exemple est la preuve qu'il y a une relation nécessaire entre la chasteté dans le célibat et la fécondité du ministère presbytéral. On voit bien qu'il ne s'agit pas d'une disposition purement disciplinaire par laquelle l'Église lie ses prêtres, mais il s'agit de la condition de sainteté du prêtre et de fécondité de son ministère. Le très anticlérical Michelet affirmait à l'époque de saint Jean-Marie Vianney : « Jamais une Église à prêtres mariés n'aurait enfanté des Saint Bernard, des Saint Thomas,

---

[48] Bernard NODET, *Jean-Marie Vianney, Curé d'Ars. Sa pensée, son cœur*, Paris, Cerf, 2009, p. 215.

des Saint Vincent de Paul. À de tels hommes, il faut le recueillement solitaire... ou le monde pour famille ». On ne pouvait pas mieux dire : voilà un beau témoignage rendu à la chasteté dans le célibat consacré, et il est forcément crédible, puisqu'il vient d'un homme qu'on ne saurait soupçonner de complaisance à l'égard de l'Église et de ses ministres sacrés.

C'est la nature même de la mission de l'Église qui commande que des hommes et des femmes témoignent par leur vie de la radicalité de l'Évangile, de l'universalité et de la plénitude de l'amour de Dieu. Ces hommes et ces femmes font l'expérience que Dieu, quand il est totalement accueilli dans une vie totalement donnée, suffit à combler tous les désirs profonds de joie, de fécondité, d'amour, de liberté et de bonheur du cœur humain. C'est pourquoi on a pu dire que le célibat consacré est une des preuves les plus convaincantes de l'existence de Dieu. Si Dieu n'existe pas, il est impossible de vivre sans frustration et sans déséquilibre psychique la chasteté dans le célibat, car ce n'est pas une vertu naturelle, mais surnaturelle. Le prêtre lui-même ne pourra pas longtemps vivre cette condition dans la liberté et dans la joie, s'il ne croit pas et ne fait pas l'expérience que Dieu lui suffit. C'est pourquoi, pour la plupart de ceux qui nient l'existence de Dieu, la chasteté dans le célibat apparait comme un choix sinon absurde du moins incompréhensible et inutile. D'où les attaques répétées et acharnées contre ceux qui ont fait ce choix, dans le but inavoué de faire disparaitre une des ultimes preuves de l'existence de Dieu. Cette dimension fondamentalement théologale de la chasteté dans le célibat est soulignée par le canon 277 du code de droit canonique : « Les clercs sont tenus par l'obligation de garder la continence parfaite et perpétuelle à cause du Royaume des Cieux, et sont donc astreints au célibat, don particulier de Dieu par lequel les ministres sacrés peuvent s'unir plus facilement au Christ avec un cœur sans partage et s'adonner plus librement au service de Dieu et des hommes ». Cette vertu de chasteté est un don de Dieu qui a besoin de certaines conditions pour s'épanouir.

3.2. Les conditions qui favorisent la pratique de la chasteté dans le célibat

Ces conditions se résument essentiellement aux dispositions humaines, spirituelles et pastorales qui ont été développées dans les méditations précédentes. La première est l'expérience très forte et déterminante de l'amour de Dieu et la foi qui en découle. Là où cette expérience manque, on cherchera naturellement à étancher, à des sources humaines, la soif d'aimer et d'être aimé. Les occasions et les lieux qui nous donnent accès à la source divine de l'amour sont essentiellement la prière, l'Eucharistie et le sacrement de la réconciliation. La fidélité dans la continence dépend donc de la qualité de la vie spirituelle du prêtre, du temps qu'il consacre à la prière ; elle est à la fois cause et effet d'un amour qui, s'il était absent, risquerait d'être remplacé immanquablement par les compensations néfastes de l'égoïsme, de l'ambition, de l'argent ou du sexe.

L'autre condition qui favorise la pratique de la chasteté par le prêtre est son engament total dans sa mission au service de l'Église dans le monde. C'est ce qu'on appelle la motivation ecclésiologique de la chasteté : Semblable au Christ et dans le Christ, le prêtre épouse l'Église de façon mystique, et l'aime d'un amour exclusif. Le prêtre n'est pas seulement au service d'une famille, "petite Église domestique", mais de toute la communauté ecclésiale ou de l'Église-Famille. Cela demande une grande disponibilité qui est difficilement compatible avec la vie conjugale.

Le prêtre ne doit pas négliger le bénéfice de la pratique de la prudence, de l'ascèse, de l'étude et de la vie commune, car s'il n'a pas l'humilité de recourir à ces moyens, il s'expose à manquer à la chasteté, étant donné que la nature humaine est faible et qu'elle a horreur du vide. L'humilité et la prudence sont donc les moyens les plus sûrs pour persévérer dans la vigilance et pratiquer une nécessaire ascèse. Le prêtre doit pouvoir compter sur l'aide et le soutien de ses confrères dans la vie de communauté et sur le soutien des fidèles laïcs dans l'exercice de son ministère pastoral. Si le prêtre est heureux, il y a des chances qu'il reste chaste et fidèle.

3.3. Les conditions qui rendent difficile la pratique de la chasteté dans le célibat

Ces conditions ont déjà été exposées dans les développements précédents, mais le lien avec la chasteté n'avait pas été explicitement montré. On trouve d'ailleurs quelques-unes de ces conditions dans l'encyclique du pape Jean XXIII. Il s'agit du contexte actuel dominé par une culture hyper-érotisée, des situations où le prêtre a choisi la solitude ou y a été condamné, des situations de désœuvrement que connaissent certains prêtres ou, à l'opposée, des situations de surcharge et de surmenage. Il faut y ajouter certaines conditions de collaboration pastorale qui font courir au prêtre le risque d'être infidèle à son engagement à la chasteté dans le célibat. En quoi ces situations ou conditions sont-elles peu favorables à la pratique de la chasteté ? C'est à cette question qu'il nous faut tenter de répondre brièvement.

La première de ces conditions défavorables à la pratique de la chasteté dans le célibat, c'est le contexte actuel qui, à en croire Jean XXIII, était déjà celui de son temps il y a plus de cinquante ans. Parlant du témoignage du Curé d'Ars, il écrit en effet : « Son exemple sur ce point apparaît d'une particulière opportunité, car en bien des régions, hélas ! les prêtres sont tenus de vivre, en raison même de leur charge, dans un monde où règne une atmosphère d'excessive liberté et de sensualité. Et le mot de saint Thomas n'est pour eux que trop vrai: "Il est parfois plus difficile de vivre vertueusement en ayant charge d'âmes, à cause des dangers extérieurs" ». Ces dangers extérieurs menacent le prêtre qui vit aujourd'hui dans une société hyper-érotisé où le sexe est banalisé et où l'on procède à la déculpabilisation des relations sexuelles ou des liaisons amoureuses, dès lors que les partenaires sont majeurs et réciproquement consentants pour entretenir des relations intimes. On "canonise" toutes les relations dont la motivation est l'amour-passion : il n'y a rien de mal à s'aimer ou à aimer, entend-on dire. Et cette conception de l'amour vidé de tout contenu moral peut influencer la façon dont le prêtre juge sa relation à l'autre. Il vit dans une société qui n'est pas porteuse des valeurs de fidélité, de chasteté et de sacrifice de soi pour les autres. L'hédonisme et l'utilitarisme sont devenus les principaux principes qui fondent les relations interpersonnelles. On doit admettre, par réalisme, que le prêtre n'est pas vacciné contre cette mentalité. En outre, les médias contribuent grandement à véhiculer ces modèles de relations utilitaristes et hédonistes. D'où le vœu que les prêtres consomment avec modération, discernement et prudence les contenus de ces médias.

La deuxième condition défavorable est la solitude que le prêtre peut vivre et le manque de soutien de la part de ses confrères et des fidèles. Le pape Jean XXIII souligne également ce danger dans son encyclique: « Souvent, écrit-il, ils sont moralement seuls, peu compris, peu soutenus par les fidèles auxquels ils se dévouent. À tous, aux plus isolés et aux plus exposés surtout, Nous adressons ici un appel très pressant pour que leur vie entière soit un pur témoignage rendu à cette vertu ». Comme prêtres, nous sommes invités à avoir une attention particulière pour les confrères qui sont isolés ou qui s'isolent volontairement ou involontairement. Il est certes plus facile, voire plus gratifiant, d'aller vers les confrères pour lesquels nous avons un grand capital de sympathie et avec lesquels nous partageons de nombreux centres d'intérêt. Mais que faisons-nous d'extraordinaire si nous nous contentons d'aller vers ceux qui viennent vers nous, de partager avec ceux qui partagent avec nous, d'inviter ceux qui nous invitent ? Notre indifférence à l'égard des confrères qui vivent dans la solitude et dans l'isolement ne les aide pas à vivre joyeusement la chasteté dans le célibat.

Il faut ensuite désigner deux autres situations opposées qui ne favorisent pas la pratique de la chasteté : l'oisiveté et la surcharge. Le prêtre qui s'ennuie et se complaît dans l'oisiveté court le risque de s'adonner à des occupations peu saines. À l'opposée, le prêtre surchargé et surmené, qui n'a plus le temps de se ressourcer spirituellement, se vide et s'expose à la tentation de combler son vide existentiel par un ersatz ou une passion amoureuse qui, par définition, envahit tous les espaces de son existence et lui fournit provisoirement du sens et de la satisfaction émotionnelle. Le pape Jean XXIII nous met en garde contre ces deux dangers tout en soulignant la responsabilité des évêques : « Et Nous vous recommandons avec une vive insistance, Vénérables Frères, de procurer à vos prêtres, dans toute la mesure du possible, des conditions d'existence et de travail qui soutiennent leur générosité. Il faut à tout prix combattre les périls de l'isolement, dénoncer les imprudences, écarter les tentations de l'oisiveté ou les risques du surmenage ».

Enfin, le prêtre ne doit pas négliger le risque de déviation de la collaboration pastorale avec les laïques pastoralement engagées et les religieuses ou les personnes consacrées. Ces relations de collaboration n'éveillent généralement aucun soupçon au point de départ puisque, comme on l'entend dans le dicton, « à tout bien tout honneur ». En effet, puisque la collaboration entre le prêtre et les femmes pastoralement engagées est nécessaire pour réaliser le bien pastoral ou spirituel des personnes, la relation qui naît de cette collaboration est considérée a priori comme honorable. Malheureusement, il peut arriver que cette relation de collaboration dévie et pèche contre la chasteté. Le prêtre, dans sa relation avec les femmes pastoralement engagées, comme d'ailleurs avec celles qui ont recours à son accompagnement spirituel, doit éviter de se rendre coupable d'abus de confiance et de pouvoir. La relation de collaboration et d'accompagnement spirituel qu'il entretient avec tous ceux et toutes celles qu'il rencontre doit obéir à la déontologie de sa profession qui lui commande la prudence, le respect de l'intimité et de la dignité de toute personne, condamne toutes les formes plus ou moins subtiles de harcèlement sexuel et lui interdit d'exploiter la détresse, la fragilité psychologique et la vulnérabilité de certains fidèles pour les rendre psychologiquement et affectivement dépendants de lui. Le prêtre ne doit pas oublier que si tant de personnes se confient spontanément à lui et lui font a priori confiance, c'est parce qu'il est prêtre et qu'il a choisi de servir généreusement, honnêtement, gratuitement et chastement Dieu et l'Église.

Chapitre 7

Le prêtre, homme miséricordieux et ministre de la miséricorde divine

Jean-Marie Vianney a incarné à la perfection la béatitude de la miséricorde : « Heureux les miséricordieux, car ils obtiendront miséricorde » (Mt 5,7). Selon le témoignage de ses contemporains, personne ne l'a jamais vu se fâcher, se mettre en colère. Il avait une conscience si vive de la miséricorde de Dieu à son égard qu'il s'est efforcé d'incarner cette miséricorde pour les autres dans ses relations et pour les pécheurs dans le confessionnal. Il était le témoin passionné de la miséricorde. Il ne cédait jamais à la tentation de la critique, il n'éprouvait aucune haine ni aucun mépris pour ses confrères qui le critiquaient ou le dénonçaient auprès de l'évêque. À ceux qui l'insultaient, le calomniaient et le persécutaient, il pardonnait toujours et montrait à leur égard encore plus de prévenances et d'attention. L'extrême délicatesse de son âme le rendait très sensible à ce qui pourrait offenser l'autre. À un monsieur corpulent qui lui disait vouloir s'accrocher à sa soutane pour entrer au ciel, il répliqua : « *O mon ami, gardez-vous-en bien ! La porte du ciel est étroite. Nous risquerions de rester tous les deux en dehors...* » Par la suite, prenant conscience d'avoir pu le blesser, il lui demanda pardon. Témoin de la miséricorde de Dieu par sa miséricorde envers tous, il en est également le chantre passionné : « *La miséricorde de Dieu,* disait-il, *est comme un torrent débordé. Elle entraîne les cœurs sur son passage.* »[49]. À ceux qui attribuaient leur réconciliation avec Dieu à leur initiative propre et à leurs efforts personnels, il rappelait que c'est Dieu qui, comme le bon pasteur, va à la recherche de la brebis égarée : « *Ce n'est pas le pécheur qui revient à Dieu pour lui demander pardon, mais,* précise-t-il, *c'est Dieu qui court après le pécheur et qui le fait revenir à lui* »[50]. À ceux qui désespéraient d'être pardonnés par Dieu parce qu'ils estimaient qu'ils avaient commis un péché trop grand, il répondait : « *C'est un gros blasphème. C'est mettre une borne à la miséricorde de Dieu, et elle n'en a point : elle est infinie.* »

---

[49] B. NODET, *Op. cit.*, p. 133.
[50] *Ibid.*, 132.

Son ministère de la confession auquel il consacrait de nombreuses heures par jour (jusqu'à 15 voire 17 heures vers la fin de sa vie !) témoignait que la miséricorde de Dieu n'a pas de limite. Totalement consacré à ce ministère de la miséricorde, il était finalement devenu prisonnier du confessionnal. Il estimait qu'il n'y avait pas de misère humaine que le cœur miséricordieux de Dieu le Père ne pouvait soulager. Il confessa les pénitents jusqu'au dernier jour de sa vie. Sur son lit de mort, il se préoccupa de quelques pénitents qui n'avaient pas pu achever leur confession, et les fit venir auprès de lui pour leur donner l'absolution.

L'exemple de Jean-Marie Vianney doit nous stimuler et nous encourager dans la pratique de la miséricorde et du pardon et dans l'exercice passionné et assidu du ministère de la réconciliation. L'exigence de pratiquer la miséricorde s'impose à nous si nous voulons être des ministres cohérents et crédibles du sacrement de la réconciliation. Nous ne pouvons pas prétendre en effet réconcilier les hommes entre eux et avec Dieu si nous-mêmes nous n'acceptons pas de nous réconcilier entre nous et avec Dieu et de pardonner à ceux qui nous ont offensés.

Quelquefois, naissent entre nous prêtres des conflits, des inimitiés et des tensions qui malheureusement donnent lieu, par endroits, à des crises ouvertes : on refuse de se pardonner, de s'adresser la parole ou de manger ensemble. Certains laïcs disent même avoir été témoins de refus de prêtres de se donner la paix du Christ à la messe. Dans notre vie commune de prêtres, nous avons pu être témoins, auteurs ou victimes d'actes de vengeance, de rivalité, de jalousie, voire de haine qui constituent de véritables scandales pour les fidèles laïcs. Il semble d'ailleurs que certains laïcs, qui ont été témoins de nos altercations, de nos violences verbales et de nos rancunes, ne doutent plus que des prêtres soient capables du pire. Il n'est pas nécessaire ici d'exagérer pour convaincre. Il s'agit de prendre l'exacte mesure des conséquences néfastes qu'entraînent nos dissensions, nos critiques, nos petites guerres et grandes rivalités sur l'image du prêtre et sur notre ministère pastoral. La meilleure manière de relever ce défi, c'est de faire le vœu de miséricorde en nous engageant à pratiquer la miséricorde et le pardon entre nous. Il nous faut, comme Jean-Marie Vianney, apprendre à être miséricordieux envers l'autre, à lui trouver des excuses et à lui prêter les meilleures intentions, lorsque nous ignorons ses motivations profondes. Il y a presque toujours une part d'ignorance dans toute faute ou dans tout péché. Souvent, on ignore qu'on fait du mal à l'autre ou, à tout le moins, on ignore le degré de l'offense. Par ailleurs, nous sommes incapables de mesurer dans le temps toutes les conséquences de nos actes. C'est ce que Jésus sous-entend quand, sur la croix, il demande à son Père : « Pardonne-leur, ils ne savent pas ce qu'ils font ». L'excuse rend plus facile le pardon.

Le témoignage évangélique du pardon est un dépassement de la loi du talion, du désir de vengeance qui, malheureusement, empoisonne souvent le cœur des fidèles, y compris celui des prêtres. « Vous avez entendu qu'il a été dit : 'œil pour œil et dent pour dent. Eh bien ! moi je vous dis de ne pas tenir tête au méchant : au contraire, quelqu'un te donne-t-il un soufflet sur la joue droite, tends-lui encore l'autre » (Lc 5, 38-41). Si nous voulons témoigner de l'universalité et de la puissance de l'amour chrétien, il faut qu'il soit inclusif de l'amour de l'ennemi ou de celui qui nous a fait du mal. L'amour dont nous avons la vocation de témoigner doit prendre la forme du dialogue là où une parole a besoin d'être dite pour reconstituer le lien de fraternité brisé. Il doit prendre la forme de la miséricorde là où une misère spirituelle a besoin d'un cœur pour être soulagée. Il doit enfin prendre la forme du pardon là où une offense a besoin d'être pardonnée. Si nous savions tous les fruits du pardon pour l'offenseur et pour l'offensé, peut-être serions-nous plus prompts à pardonner !

Le pardon permet à l'offenseur de renaitre à la vie et de retrouver la joie de la relation brisée. Il lui permet de ne pas s'enfermer dans son péché et de ne pas sombrer dans le désespoir. Il lui permet également de se relever et de devenir meilleur. Le pardon permet à l'offensé qui pardonne d'être cohérent avec lui-même, puisqu'il a lui aussi besoin du pardon d'autrui et, dans tous les cas, du pardon de Dieu. Refuser de pardonner, c'est refuser le pardon de Dieu. Prétendre au pardon de Dieu et des autres tout en refusant de pardonner est une incohérence et une inconséquence que Jésus n'a pas manqué de dénoncer dans la parabole du débiteur impitoyable. Si nous pouvons dire en toute vérité en nous adressant à Dieu dans l'oraison dominicale, « pardonne-nous nos offenses », c'est parce que nous sommes engagés et disposés à « pardonner aussi à ceux qui nous ont offensés ». Un autre bénéfice du pardon pour l'offensé, c'est la paix intérieure et la joie qu'il éprouve en pardonnant, car le pardon comme acte d'amour par excellence produit comme fruits la paix et la joie. Pardonner c'est se faire du bien en faisant du bien à l'offenseur. Il ne faut pas attendre que la blessure du cœur cicatrise avant d'offrir le pardon, car le cœur est toujours plus lent que la volonté dans la décision de pardonner. Ce qui importe, c'est de décider, par la volonté, de pardonner, même si le cœur ne semble pas encore prêt à le faire. Tôt ou tard, il finira par suivre la volonté.

On aurait tort de se donner bonne conscience en faisant le raisonnement suivant : 'puisque c'est lui qui m'a offensé, je suis en droit d'attendre ou d'exiger qu'il fasse le premier pas pour me demander pardon'. Nous connaissons la contestation par Jésus de la légitimité de cette position trop confortable : « Si tu vas présenter ton offrande et que tu te souviens que ton frère a quelque chose contre toi, laisse là ton offrande, devant l'autel, et va d'abord te réconcilier avec ton frère, puis reviens, et alors présente ton offrande. » (Mt 5, 23-24). C'est une invitation de Jésus qui ne devrait pas nous laisser en paix quand nous célébrons l'Eucharistie, alors que quelque chose de grave a brisé notre relation avec un confrère ou avec quelqu'un d'autre. Jésus nous invite à faire le premier pas pour nous réconcilier avec l'autre, même s'il nous semble qu'il n'y a aucune faute dont nous serions coupables qui puisse être la cause de la rupture. L'offense est comme un poison qui intoxique la relation, la vie commune et le cœur, parce qu'elle peut devenir l'expression de la haine ou susciter de la haine. Pardonner et se réconcilier avec l'autre est l'antidote contre la haine, la vengeance et la division.

Combien de fois devons-nous pardonner ? Autant de fois qu'il sera nécessaire, répond Jésus. Le pape Benoît XVI, dans son homélie du Jeudi Saint 2006, souligne que l'invitation du Christ à nous laver les pieds les uns des autres doit être comprise aussi comme une invitation à nous pardonner réciproquement : « En quoi consiste le fait de 'nous laver les pieds les uns les autres'? Qu'est-ce que cela signifie concrètement? Toute œuvre de bonté pour l'autre (…) est un service de lavement des pieds. Le Seigneur nous appelle à cela: descendre, apprendre l'humilité et le courage de la bonté et également la disponibilité à accepter le refus, mais, toutefois, se fier à la bonté et persévérer en elle ».

« Mais il existe une dimension encore plus profonde. Le Seigneur ôte notre impureté avec la force purificatrice de sa bonté. Nous laver les pieds les uns aux autres signifie surtout nous pardonner inlassablement les uns aux autres, recommencer toujours à nouveau ensemble, même si cela peut paraître inutile. Cela signifie nous purifier les uns les autres en nous supportant mutuellement et en acceptant d'être supportés par les autres; nous purifier les uns les autres en nous donnant mutuellement la force sanctifiante de la Parole de Dieu et en nous introduisant dans le Sacrement de l'amour divin ».

Avant d'être ministres du pardon de Dieu dans le sacrement de la réconciliation, nous sommes invités à en être des pratiquants assidus pour que la miséricorde dont nous témoignons entre nous et à l'égard de tous soit déjà le sacrement existentiel de la miséricorde de Dieu que nous dispensons dans le sacrement de la réconciliation. Si nous pratiquons entre nous le pardon et la réconciliation, alors nous serons des témoins crédibles de la miséricorde de Dieu. Ainsi, nous pourrons entrainer les fidèles laïcs dans le mouvement de la miséricorde et les encourager à pardonner et à se réconcilier entre eux, dans les familles et les communautés. Alors seulement, nous pourrons être des serviteurs fidèles de la miséricorde dans la célébration du sacrement de la réconciliation. Peut-être que de cette façon, nous favoriserons un regain de pratique de ce sacrement qui connait une certaine désaffection, dans une société où se perd progressivement le sens du péché en même temps que le sens de Dieu et de son amour.

Chapitre 8

La Vierge Marie dans la vie du prêtre

Chaque prêtre doit avoir une femme dans sa vie, s'il veut que son ministère sacerdotal soit fécond. Et cette femme, c'est Marie, la mère et le modèle du vrai disciple du Christ qui nous a confiés à elle au pied de la croix à travers le disciple Jean, et qu'il nous a confiée comme mère pour que nous la prenions chez nous.

Jean-Marie Vianney affirmait avoir aimé depuis toujours la Vierge Marie, comme un enfant qui s'attache à sa mère avant même d'être conscient de sa présence : « *La Sainte Vierge,* disait-il, *c'est ma plus vieille affection : je l'ai aimée avant même de la connaître*»[51]. On raconte que, lorsqu'il était petit berger, à huit ans, il rassemblait ses camarades au pied d'un vieux saule, dans le creux duquel il avait placé une figurine de la sainte Vierge Marie, récitait le «Je

---
[51] Bernard NODET, *Op. cit.,* p. 255.

vous salue, Marie » et faisait ensuite un sermon, qui se résumait à peu près à ceci : « Mes enfants, soyez bien sages. Aimez bien le Bon Dieu».

De nombreux témoignages confirment que Jean-Marie Vianney pratiquait la dévotion à Marie depuis son enfance. On rapporte que devenu prêtre, il emportait avec lui partout la statuette de la Vierge. Quand il était vicaire à Ecully, il copiait des oraisons à la Vierge pour les répandre dans la paroisse. Tous les soirs, à Ars, il récitera en chaire le chapelet de l'Immaculée Conception. Les fêtes de la Sainte Vierge y étaient célébrées avec solennité. Il disait la messe à l'autel de la Vierge Marie aussi souvent qu'il le pouvait. Il conseillait les neuvaines au Saint Cœur de Marie. «*J'ai si souvent puisé à cette source*, avouait-il, *qu'il n'y resterait plus rien depuis longtemps, si elle n'était pas inépuisable* »[52]. Le saint curé d'Ars nourrissait à l'égard de Marie une très grande dévotion filiale, si bien qu'en 1836, avant même la proclamation du dogme de l'Immaculée Conception, il avait déjà consacré sa paroisse à Marie «conçue sans péché». Et il garda l'habitude de renouveler souvent cette offrande de la paroisse à la Sainte Vierge, en enseignant aux fidèles qu'«il suffit de s'adresser à elle

---

[52] Ibid., p. 27.

pour être exaucés», pour la simple raison qu'elle «désire surtout nous voir heureux ».

Il ne tarissait pas de louange pour Marie. « *Celle que Jésus en croix nous a donnée pour mère est si bonne !* –s'exclamait-il : *Plus nous sommes pécheurs et plus elle a de tendresse et de compassion pour nous* ». Il ajoutait : « *Le cœur de Marie est si tendre pour nous que ceux de toutes les mères réunies ne sont qu'un morceau de glace auprès du sien* »[53] Il avait une confiance totale en Marie à qui Jésus ne peut rien refuser. Il disait en effet : « *Tout ce que le Fils demande au Père lui est accordé. Tout ce que la Mère demande au Fils lui est pareillement accordé.*»[54] Sa dévotion ne versait cependant pas dans les excès qu'on peut constater malheureusement aujourd'hui. Il savait que seul Jésus est le Sauveur des hommes, mais il savait aussi qu'il plaisait à Jésus de nous donner par sa mère les grâces du salut, dès lors que lui-même Jésus, la Grâce par excellence, nous a été donné par Marie. Il ne s'est pas laissé enfermer dans une dévotion mariale faite de pratiques magiques ou fétichistes visant manifestement à instrumentaliser la Vierge Marie à des fins égoïstes. Si nous entretenons une relation filiale avec Marie, c'est parce que nous sommes sûrs qu'elle

---

[53] *Ibid.*, p. 252.
[54] *Ibid.*, p. 254.

est la mieux placée pour nous indiquer comment faire la volonté de son Fils, puisque son désir, c'est de nous modeler à sa ressemblance, elle qui a toujours fait la volonté de Dieu. À ce sujet, Jean-Marie Vianney déclarait : «*Le moyen le plus sûr de connaître la volonté de Dieu, c'est de prier notre Bonne Mère.* »[55]

Il est important de souligner que la dévotion mariale, qui est l'expression de notre amour filial pour notre mère du Ciel, ne se réduit pas à la prière de demande et d'intercession auprès d'elle. Elle doit s'exprimer aussi et surtout par le désir d'imiter celle qui a toujours fait la volonté de Dieu et qui a donné le Fils de Dieu au monde. Si un fils aime sa mère, il lui fait entièrement confiance et, fort de cette confiance, il lui demande spontanément tout ce dont il a besoin pour grandir et s'épanouir, mais il trouve aussi sa joie à reproduire les qualités de sa mère qui suscitent l'admiration de tous. Or, Marie est pour nous une mère à qui nous pouvons faire une confiance totale parce qu'elle ne nous abandonne jamais et qu'elle est toujours à nos côtés pour nous accorder les secours de son amour maternel. Elle est aussi une mère que nous devons être fiers d'imiter, car tout, en elle, est reflet de Dieu, elle qui a vécu toute sa vie dans la volonté de Dieu. Notre dévotion filiale à son égard doit donc être

---

[55] *Ibid.*, p. 254.

tout à la fois prière fervente et imitation filiale, de sorte qu'on puisse dire en nous voyant vivre : telle mère, tels fils, comme on pouvait le dire de Jean-Marie Vianney dans sa relation filiale à Marie. Il s'ensuit que notre sacerdoce sera marial ou ne sera pas fécond.

Dans le plan du salut universel, la Vierge est la nouvelle arche de l'Alliance qui offre au monde la présence du Christ. Là où apparaît le Christ, elle est toujours présente. Et là où elle apparaît, le Christ est également présent. Par vocation spéciale, Marie a porté le Christ dans son sein et l'a engendré spirituellement et corporellement dans le monde. Comme mère du Christ, Marie engendre spirituellement tous ceux qui sont configurés au Christ. Elle perd, selon la chair, son Fils sur la croix pour l'engendrer dans la douleur, selon l'Esprit, quand elle reçoit le disciple Jean comme fils. C'est dans la douleur qu'elle engendre tout baptisé et, de façon spéciale, tout prêtre pour qu'il soit configuré à son fils Jésus. C'est ce que le pape Jean-Paul II affirmait à l'*Angelus* du 11 février 1990 : « Ayant été proclamée par Jésus mère d'un prêtre et, surtout, étant la mère de Jésus, grand-prêtre, Marie est devenue, d'une manière très spéciale, la mère des prêtres. Elle est chargée de veiller sur le développement de la vie sacerdotale dans l'Église, développement intimement lié à celui de la vie chrétienne. Jésus ne se limita pas à confier à Marie cette mission envers les prêtres. Il s'adressa aussi à Jean pour l'introduire dans un rapport filial avec Marie: «Voici ta mère!» (Jn 19,27). Il désirait que le disciple reconnaisse en Marie sa propre mère et qu'il lui garde une profonde affection ».

Si le prêtre prend Marie chez soi, c'est pour l'avoir comme mère et comme modèle, pour que son sacerdoce épouse le style marial qui est celui du choix de Dieu comme centre de sa vie, du service de la communion dans sa fonction sacerdotale d'engendrer Jésus corporellement par les paroles de la consécration eucharistique et, dans sa fonction royale du service d'amour, de l'engendrer spirituellement. À ce propos, Chiara Lubich, fondatrice du Mouvement des Focolari, écrit : « La Vierge est le modèle de l'Église. Et tout prêtre qui est appelé à édifier l'Église ne saura jamais aussi bien accomplir son devoir qu'en présence de Marie. Si les prêtres vivent en communion avec Marie, elle, la mère de l'unité, leur dévoilera comment susciter la charité dans les cœurs et entre les cœurs, comment édifier le corps du Christ selon le suprême et éternel dialogue d'amour qu'est la Très Sainte Trinité »[56].

---

[56] Chiara LUBICH, « Il sacerdote oggi, il religioso oggi », in *Revue Gen's*, n° 12 (1982/6), p. 6 (c'est nous qui traduisons).

Vivre de façon mariale le ministère presbytéral, c'est comprendre que le principe marial dans l'Église est celui de l'adhésion humble à la volonté de Dieu, « qu'il me soit fait selon ta volonté », dans un constant effacement de soi pour que Jésus naisse et grandisse dans le cœur des hommes et au milieu d'eux. C'est un principe de service humble qui ne vise pas l'exercice du pouvoir en vue de l'affirmation de soi et de la domination des autres, mais qui configure le prêtre à Marie en tant qu'elle incarne à la perfection le charisme des charismes, celui de l'amour qui est infiniment plus grand que le charisme de l'autorité dans l'Église. D'ailleurs, l'exercice du charisme de l'autorité dans l'Église, selon l'Esprit du Christ, a pour fondement ce charisme de la charité, comme nous le révèle l'épisode où Jésus, avant de confier la responsabilité de son Église à Pierre, s'assure qu'il l'aime plus que tout et plus que tous, malgré ses faiblesses (cf. Jn 21,15-17). Sans ce charisme de l'amour qui est typiquement marial, l'exercice de l'autorité dans l'Église se réduit à une simple gestion du pouvoir en vue de la domination et de l'efficacité bureaucratique de l'organisation. C'est ce risque que le cardinal Josef Ratzinger soulignait quand il écrivait : « La compréhension mariale de l'Église est la plus forte et la plus déterminante opposition à un concept d'Église purement organisatrice ou bureaucratique. Nous ne pouvons pas faire l'Église, nous devons être Église... Ce n'est qu'en étant mariaux que nous devenons Église »[57].

Au-delà d'une dévotion qui s'exprime par des prières adressées à Marie, le prêtre doit comprendre qu'il entretient un lien essentiel avec la Mère de Jésus en tant qu'il a la vocation de continuer la fonction mariale d'engendrer Jésus en conformant sa vie à celle de Marie et en célébrant les sacrements de manière à laisser transparaitre le Christ en lui. Comme l'écrit très justement saint Jean Eudes, « les prêtres ont une alliance spéciale avec la très sainte Mère de Dieu. Comme le Père éternel l'a rendue participante de sa divine paternité, de même il donne aux prêtres de former ce même Jésus dans la sainte Eucharistie et dans le cœur des fidèles. Comme le Fils l'a établie comme coopératrice dans l'œuvre de la rédemption du monde, ainsi les prêtres sont ses coopérateurs dans l'œuvre du salut des âmes. Comme l'Esprit Saint l'a associée dans le chef-d'œuvre qu'est le mystère de l'Incarnation, ainsi il associe les prêtres avec lui pour une continuation de ce mystère en chaque chrétien par le baptême».

C'est ce dont a témoigné Jean-Marie Vianney par toute sa vie. Grâce à sa grande dévotion à Marie, il a

---

[57] Cardinal Joseph RATZINGER, *Die Ekklesiologie des Zweiten Vatikanums,* IKZt 15 (1986), p. 41-52 (Traduit du texte italien).

appris d'elle comment faire quotidiennement la volonté de Dieu en rendant visibles et accessibles, par son ministère, l'amour et la miséricorde de Dieu au milieu de son peuple. De même qu'à la visitation, Marie a rendu mystérieusement présent le Sauveur qui, du sein maternel, communiquait à Élisabeth et à son fils Jean la joie de sa présence salvifique, de même Jean-Marie Vianney a rendu présent, par l'exercice marial de son ministère sacerdotal, le Christ qui guérit et sauve tous les pécheurs. C'est précisément ce dont nous avons, comme prêtres, la vocation de témoigner, en suivant l'exemple de dévotion mariale du Curé d'Ars.

Cela dit, la boucle est bouclée, puisque nous revenons au point initial et fondamental, à savoir, la nécessité d'accueillir l'amour de Dieu, d'en faire l'expérience pour qu'elle transforme notre vie et fasse de nous des témoins cohérents de son amour. Accueillir l'amour de Dieu pour qu'il s'incarne en nous, accueillir le Verbe ou la Parole de Dieu et en vivre de sorte qu'elle prenne chair en nous pour le salut des hommes, voilà la vocation du prêtre, une vocation toute mariale.

Conclusion

Prière du saint Curé d'Ars à la Vierge Marie

Au terme de ces méditations et réflexions sur la vie et le ministère du prêtre à partir du témoignage exemplaire de la vie et du ministère du saint Curé d'Ars, je voudrais conclure par une prière, celle que Jean-Marie Vianney a lui-même composée et qu'il aimait adresser à Marie, « Mère de l'Église, Mère des prêtres ». J'invite chaque prêtre à en faire sienne et à l'adresser, sinon quotidiennement, du moins aussi fréquemment que possible, à notre Mère du Ciel qui nous aime d'un amour de prédilection.

« Ô Marie, Mère de Jésus-Christ, Crucifié et Ressuscité, Mère de l'Église, peuple sacerdotal, Mère des prêtres, ministres de ton Fils : accueille l'humble offrande de moi-même, pour que dans ma mission pastorale je puisse annoncer l'infinie miséricorde du Grand Prêtre Éternel : Ô Mère de miséricorde.

Toi qui as partagé avec ton Fils, son obéissance sacerdotale, et as préparé pour lui un corps dans l'onction de l'Esprit Saint, introduis ma vie sacerdotale dans le mystère ineffable de ta divine maternité, Ô Sainte Mère de Dieu.

Donne-moi la force dans les heures sombres de la vie, soutiens-moi dans les peines de mon ministère que ton Jésus m'a confié, afin qu'en communion avec Toi, je puisse l'accomplir, avec fidélité et amour, Ô Mère du Prêtre Éternel, Reine des Apôtres, Secours des prêtres.

Toi qui as silencieusement accompagné Jésus dans sa mission d'annonce de l'Évangile de paix aux pauvres, rends-moi fidèle au troupeau que m'a confié le Bon Pasteur.

Fais que je puisse toujours le guider avec des sentiments de patience, de douceur, de fermeté et d'amour, avec une prédilection pour les malades, pour les petits, pour les pauvres, pour les pécheurs, Ô Mère Auxiliatrice du Peuple chrétien.

Je me consacre et je me confie à toi, ô Marie, Toi qui, près de la Croix de ton Fils, es devenue participante de son œuvre rédemptrice, unie indissolublement à l'œuvre du salut.

Fais que dans l'exercice de mon ministère, je puisse toujours sentir davantage la dimension merveilleuse et pénétrante de ta proximité maternelle à chaque instant de ma vie, dans la prière et dans l'action, dans la joie et dans la douleur, dans la fatigue et dans le repos, Ô Mère de la Confiance.

Accorde-moi, ô Mère, que dans la célébration de l'Eucharistie, centre et source du ministère sacerdotal, je puisse vivre ma proximité à Jésus dans ta proximité maternelle, car tu es auprès de nous quand nous célébrons la Messe et tu nous introduis dans le mystère de l'offrande rédemptrice de ton divin Fils, Ô Médiatrice des grâces qui jaillissent de cette offrande pour l'Église et pour tous les fidèles, Ô Mère du Sauveur.

Ô Marie : je désire placer ma personne, ma volonté de sanctification, sous ta protection et ton inspiration maternelles pour que tu me conduises à la conformation au Christ, Tête et Pasteur que requiert le ministère de curé.

Fais que je prenne conscience que tu es toujours à côté de chaque prêtre, dans sa mission de ministre de l'Unique Médiateur Jésus-Christ : Ô Mère des Prêtres, " Secourable et Médiatrice " de toutes les grâces. Amen ! »

Brève bibliographie sur le Curé d'Ars

DUPLEIX André, *Comme insiste l'amour, Présence du Curé d'Ars,* Paris, Nouvelle cité, 1986, réédition 1999.

FOURREY René (Mgr), *Le curé d'Ars authentique,* Paris, L'Échelle de Jacob, 2009.

MONNIN Alfred, *Esprit du Curé d'Ars dans ses catéchismes, ses sermons, ses conversations*, Paris, Téqui, 2007.

NODET Bernard, *Un homme social, Monsieur Vianney, Curé d'Ars,* Annales d'Ars, 1968.

NODET Bernard, *Jean-Marie Vianney, Curé d'Ars, sa pensée, son cœur,* Paris, Cerf, 2006.

RAVIER André, *Un prêtre pour le peuple de Dieu, Le Curé d'Ars,* Saint-Maur, Parole et silence, 1999.

VALLIN Pierre, *Le Curé d'Ars en un temps de révolutions,* Paris, Médiasèvres, 1988, réédité en 2009.

Table des matières

Sommaire 5

Préambule 7

Introduction 11

Chapitre 1
L'expérience fondatrice de l'amour de Dieu dans la vie du prêtre 17

Chapitre 2
La vocation fondamentale du prêtre à la sainteté dans l'amour 29

Chapitre 3
La prière et l'Eucharistie comme centre et sommet de la vie du prêtre 43
   1. La prière comme source et expression de la charité pastorale 43
   2. L'Eucharistie, centre et sommet de la vie du prêtre 51
      2.1. Le prêtre, ministre du sacrifice eucharistique 54

2.2. La communion du prêtre avec Jésus-Eucharistie 56
2.3. L'adoration eucharistique 60

Chapitre 4
La gestion pastorale du temps et des relations humaines 63
  1. La gestion pastorale du temps 64
  2. La gestion pastorale des relations humaines 75

Chapitre 5
La croix dans la vie du prêtre 85

Chapitre 6
La pratique des conseils évangéliques d'obéissance, de pauvreté et de chasteté 95
  1. Le saint Curé d'Ars, modèle d'obéissance humble 100
  2. L'exemple de pauvreté de l'humble Curé d'Ars 110
    2.1. Le don total de soi dans l'exercice du ministère 112
    2.2. Le partage généreux avec les nécessiteux 113
    2.3 Le témoignage d'une vie d'ascèse et de détachement 117
    2.4. L'abandon à la providence divine 119
  3. Le saint Curé d'Ars, un homme chaste, au cœur pur 123
    3.1. La chasteté dans le célibat, condition de fécondité et de sainteté du ministère du prêtre 125

3.2. Les conditions qui favorisent la pratique de la chasteté dans le célibat.................. 128
3.3. Les conditions qui rendent difficile la pratique de la chasteté dans le célibat.............. 130

Chapitre 7
Le prêtre, homme miséricordieux et ministre de la miséricorde divine 137

Chapitre 8
La Vierge Marie dans la vie du prêtre 147

Conclusion
Prière du saint Curé d'Ars à la Vierge Marie 157

Brève bibliographie sur le curé d'ars..................... 161

L'HARMATTAN ITALIA
Via Degli Artisti 15; 10124 Torino
harmattan.italia@gmail.com

L'HARMATTAN HONGRIE
Könyvesbolt ; Kossuth L. u. 14-16
1053 Budapest

L'HARMATTAN KINSHASA
185, avenue Nyangwe
Commune de Lingwala
Kinshasa, R.D. Congo
(00243) 998697603 ou (00243) 999229662

L'HARMATTAN CONGO
67, av. E. P. Lumumba
Bât. – Congo Pharmacie (Bib. Nat.)
BP2874 Brazzaville
harmattan.congo@yahoo.fr

L'HARMATTAN GUINÉE
Almamya Rue KA 028, en face
du restaurant Le Cèdre
OKB agency BP 3470 Conakry
(00224) 657 20 85 08 / 664 28 91 96
harmattanguinee@yahoo.fr

L'HARMATTAN MALI
Rue 73, Porte 536, Niamakoro,
Cité Unicef, Bamako
Tél. 00 (223) 20205724 / +(223) 76378082
poudiougopaul@yahoo.fr
pp.harmattan@gmail.com

L'HARMATTAN CAMEROUN
BP 11486
Face à la SNI, immeuble Don Bosco
Yaoundé
(00237) 99 76 61 66
harmattancam@yahoo.fr

L'HARMATTAN CÔTE D'IVOIRE
Résidence Karl / cité des arts
Abidjan-Cocody 03 BP 1588 Abidjan 03
(00225) 05 77 87 31
etien_nda@yahoo.fr

L'HARMATTAN BURKINA
Penou Achille Some
Ouagadougou
(+226) 70 26 88 27

L'HARMATTAN SÉNÉGAL
10 VDN en face Mermoz, après le pont de Fann
BP 45034 Dakar Fann
33 825 98 58 / 33 860 9858
senharmattan@gmail.com / senlibraire@gmail.com
www.harmattansenegal.com

L'HARMATTAN BÉNIN
ISOR-BENIN
01 BP 359 COTONOU-RP
Quartier Gbèdjromèdé,
Rue Agbélenco, Lot 1247 I
Tél : 00 229 21 32 53 79
christian_dablaka123@yahoo.fr

Achevé d'imprimer par Corlet Numérique - 14110 Condé-sur-Noireau
N° d'Imprimeur : 137188 - Dépôt légal : mars 2017 - *Imprimé en France*